長友佑都 体幹×チューブ トレーニング

長友佑都・著

JN176453

KKベストセラーズ

CONTENTS

TUBE for THE CORE TRAINING

NAGATOMO

はじめに

この本を手に取ってくださった皆さんはきっと、**実現したい「目標」がある**のだと思います。

「やっている競技のパフォーマンスをよくしたい」「体を絞って健康になりたい」「ケガを治したい」といった目標の人もいれば、「体を鍛えたい」「ストレス解消をしたい」「理想の体を手に入れて異性に好かれたい」というものだって立派な目標だと思います。そしてその目標実現のために「長友のトレーニングでも挑戦してみようか」と思ってくださったのではないでしょうか。

実は、僕がこういったトレーニングの本を出させていただいている中で、**もっとも大事であり、伝えたいと思っていることは、この「目標」をいかに意識できるか**、ということです。

もちろんトレーニング方法が重要であることは間

違いありません。２０１４年に刊行した『長友佑都 体幹トレーニング20』や、今回の本に書いていることというのは、僕自身が実践し、ものすごい効果を実感している素晴らしいトレーニング方法だと思っています。ただ、その方法論と同じくらい**「目標」を意識できるかどうかが、効果を伴ったトレーニングにするために大事**なことなのです。

世の中にはいろいろなトレーニング方法が存在します。その方法はどれも素晴らしいものだと思います。ただ、トレーニングの中でいかに「目標」を意識するか、そのことで生まれる効果がどれだけ絶大か、ということはあまり指摘されていません。僕の紹介するトレーニングが１００％正解で唯一無二のものだとは決して思っていませんが、**成果を出す人というのは、必ず「目標」がはっきりしていて、常にそれを意識する**ことができます。それがどういうことかは本書の中でしっかり説明していきますが、まずは「目標」がなにより大事であることを知ってもらいたいと思います。

さて本書の中心となる「チューブトレーニング」は、僕が「体幹トレーニング」と並行して行っているものです。前著はおかげさまで多くの方に手に取っていただいたようですが、**「物足りない」という声、「体幹はきつすぎた」という声**もいただきました。チューブトレーニングはこの（両極端な）**ふたつの声に必ずや応える**ことができるものです。

みなさんの「目標」実現に少しでもお役に立てれば……そう願っております。

P.10 - 16

効果は？ 方法は？
チューブトレーニングを正しく理解する

1 チューブトレーニングを理解する

ただ紹介しているトレーニングをしても効果はなかなか続きません。効果を得るためには「チューブトレーニング」がどんなものであるかを「理解」し、トレーニングに向けて「メンタル」を鍛えることが重要になります。トレーニングを行っていても効果が実感できない人の多くは、たいていこの「理解」「メンタル」を疎かにしています。効果的にトレーニングを行うためにも、まずはそのことを知ってほしいと思います。チューブはまず「初級者用」（青）を使うことをお勧めしますが、どちらか悩む読者は「簡単診断（P16）」で自分のレベルをチェックしてみてください。

ブトレーニング』の使い方

P.18 - 37

2 メニューを決める

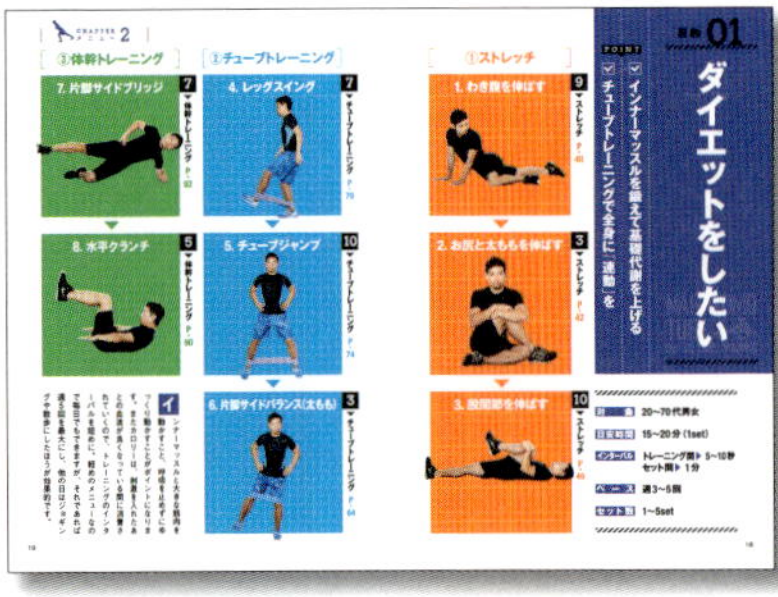

「体幹×チューブ」トレーニングは、体の悩み解消、運動能力の向上、リハビリ、幼少期の体づくりに効果があります。本書では、4つの体の悩み「ダイエットをしたい」「お腹を凹ませたい」「姿勢をよくしたい」「疲れにくい体を手に入れたい」、運動能力の向上を目指すための「上半身のパワーをつけたい」「下半身のパワーをつけたい」、リハビリに適した「腰痛を改善したい」「転倒予防」、そして幼少期の体づくりに大事な「バランス感覚を養いたい」「しなやかな体を手に入れたい」の計10のメニューを組んでいます。自身の目的に応じてトレーニング方法と順番を確認してください。

どういう体を手に入れたいのか？
目的に応じたトレーニング方法を確認する

P.40 - 101

ストレッチで体をゆるめて「体幹×チューブ」トレーニングを行う

トレーニングへの理解度とメンタルが充実し、自分のメニューとトレーニングを確認したところで、メニュー順にトレーニングを行っていきましょう。ストレッチ、チューブトレーニング、体幹トレーニングのいずれのページでも「鍛えられる箇所」「回数およびセット数」を書いています。特にトレーニング中に「鍛えられる箇所」をしっかり意識することはとても重要です。また、チューブトレーニングに関しては、「強く引っ張る」ものだと誤解している人が多くいます。そうではなく頭から足までの軸がぶれないように行うことが一番重要であり、効果を高める近道であることを知ってほしいと思います。

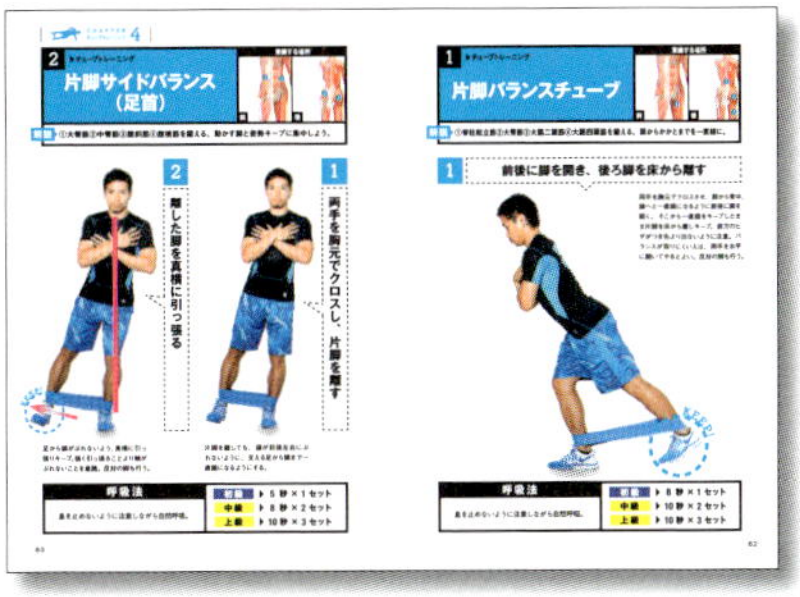

トレーニングを始める 3

『長友佑都 体幹×チュー

P.104 - 115

オリジナルトレーニングを組んでみる 4

1～3がきちんとできるようになると、おのずと自分にとって必要なトレーニング、そうでないトレーニングが分かってきます。そういう人はオリジナルのトレーニングメニューを組んでいくことをお勧めします。僕自身も、木場（克己）さんにメニューを組んでもらい、本当にたくさんの「体幹」、「チューブ」トレーニングをしてきました。今では「そのときの自分」に必要なものを選んで行っています。メニューは十人十色。体と相談し、目的に応じたオリジナルメニューに挑戦してみてください。本書では、メニューにはない「チューブトレーニング」を超実践編として紹介していますので一助としてください。

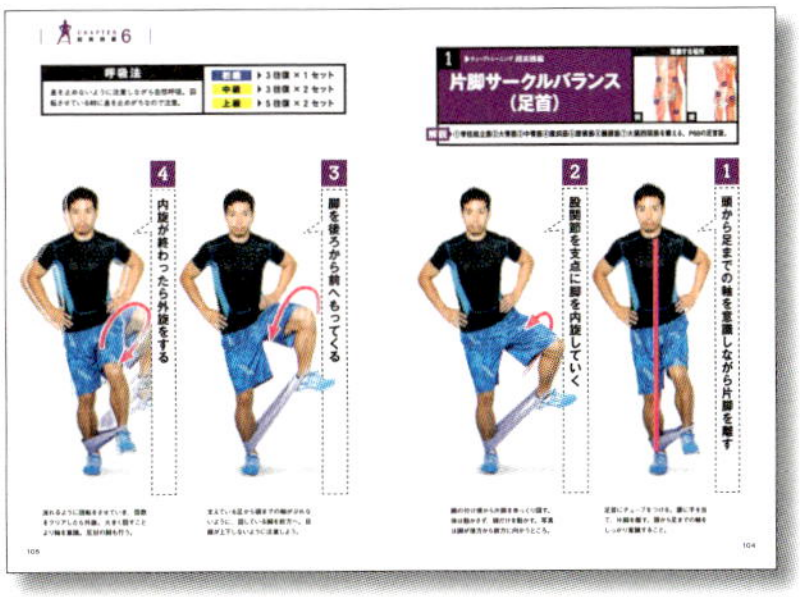

体を知り、メニューをマスターすることでオリジナルのトレーニングを実践しよう

「NAGATOMO TUBE」3つの長所

チューブなし

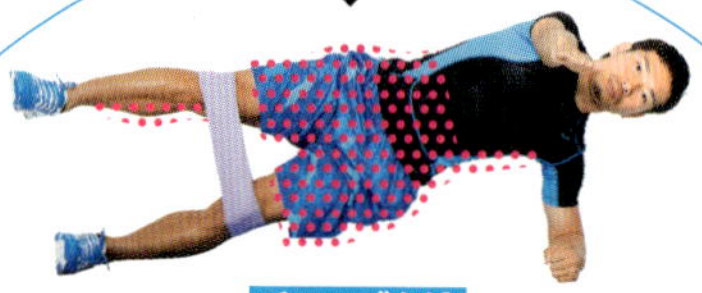

チューブあり

チューブをつけると体幹と腹斜筋に加え臀部《でんぶ》まで鍛えられる

1 レベルに合わせて2種類の強度を選べる

NAGATOMO TUBE for THE CORE TRAINING

初級者用

NAGATOMO TUBE for THE CORE TRAINING

中・上級者用

「NAGATOMO TUBE」はトレーニングレベルに応じて**2種類を使い分け**られます。青色は初級者用。黄色が中・上級者用。最初は初級者用から始めてみることをお勧めします。

2 トレーニング時間の短縮&効率化がはかれる

チューブをつけることで、チューブをつけなかった場合には鍛えられなかった箇所にも刺激が届きます。基本的には**ひとつのチューブトレーニングで3つ以上の箇所を同時に鍛える**ことができるのです。その分、トレーニング時間の短縮と効率化が実現できます。

3 「くびれ」実現、「バランス」向上、「ケガ」軽減効果

チューブトレーニングは体幹トレーニングと組み合わせることで抜群の効果を発揮します。特に、**筋肉がしまり、くびれやすく**なります。また「あえて不安定を作り出す」ことで、**バランス感覚を養い**ます。さらには下半身を中心にトレーニングすることで**転倒防止などケガの予防**になります。つまり、ダイエットや筋肉強化はもちろん、子どもたちに重要なバランス感覚養成、加齢対策としての筋力アップと、全世代に有効なトレーニングなのです。

チューブ使用上の注意

※ご使用前に必ずお読みください。

- ●本来の目的以外には使用しないでください。
- ●ゴムチューブには品質保持のため白い粉がまぶしてあります。気になる場合は、濡れた布で拭き取ってからご使用ください。
- ●安全のため、破損したり変形したものは使用しないでください。
- ●無理に引っ張りますと、ゴムチューブが破損する恐れがあります。引っ張りすぎないようご注意ください。
- ●人によっては、かゆみ・かぶれ・発疹等をおこすことがあります。異常を感じたらすぐに使用を中止し、医師にご相談ください。
- ●ご使用後、汗や汚れが付着した場合は、軽く拭き取ってから保管してください。

第１章

「体幹×チューブ」トレーニング

メンタル編

トレーニングを効果のあるものにするためには「メンタル」的な要素が欠かせません。僕自身、メンタル、意識を高く持つことでトレーニングの結果がまったく違うものになることを実感しています。なかでもポイントはふたつ。

① 目標を常に意識すること。

② 自分の体をよく知ること。

これができなければ、いくら理に適ったトレーニングをしていても続かない、効果が薄いなど、結局、目標を達成できずに終わってしまうでしょう。まずはここでトレーニングに重要な「メンタル」を鍛えましょう。

CHECK!

☑目標は書き込んだ？

☑達成のために、今日どうする？

POINT 01

「目標」を常に意識しよう

2０１４年の**僕は、大きな壁にぶち当たった**と言えます。

ひとつはブラジルワールドカップでのグループリーグ敗退。もうひとつは、インテルに戻ってからの不調とケガ。

でもこれは、僕が求めていた壁であった、とも思います。

ここまで僕は、人から「シンデレラストーリー」と言われるほど順調にキャリアを上ってきました。僕の中ではその都度、大きな壁や挫折があったわけですが、客観的な時間を見れば自分でも想像だにしないステップアップであったことは確かです。ただ、その一方で僕は、「人間・長友佑都」の存在をどんどんと押さえ込んでいくようになりました。

それは、周りの人が期待する「サッカー選手・長友佑都」でなければならない、という思いからです。**僕にも人として誰もが感じるような不安や弱さがあります。**けれど、「サッカー選手・長友佑都」はそれを見せてはいけない——そういう思いがいつもどこかにありました。弱い自分を押し殺し、本当の心の中にあるものを押さえ込み……僕の心の幅はどんどん窮屈《きゅうくつ》になっていきます。そして、環境の変化や、厳しい現実にぶち当たった時に、対応できなくなっていったのです。

不調やケガで試合に出られない日が続いた時、僕は自分を見つめ直そうといろいろと考えました。そして、**弱い自分も受け入れ、押さえ込むのはやめにしよう。弱い自分も好きになろう**、と思ったのです。すると心がスーッとし、目の前の視野が一気に広がっていきました。

今は、大きな壁をぶち破ったような、新たな感覚を持ってプレーや日々のトレーニングができています。

ではなぜ、壁にぶつかった時に、後ろ向きにならずにすんだのか。

それはいつまでも成長したい、と願う僕がいたからです。

「世界一のサイドバックになりたい」、そして「バロンドールを獲りたい」——**常にその「目標」に向かってまい進してきたことが、苦しい時期の自分を助けてくれました。**いや、もっと言えばこの目標実現のためにこの「壁は用意されていた」のかもしれません。

読者の方も、トレーニングがやりたくないと思う日があると思います。トレーニングの成果が表れず落ち込むこともあると思います。そんな時でも前を向けるかどうかは、「目標」を常に意識できていたかどうかにかかっています。

ふだんから「目標」を意識し続けることは、壁にぶち当った時の自分を救ってくれるのです。

POINT

02

効果を高めたければ体の信号に気付こう

CHECK!

- いま、どこの筋肉が動いている？
- トレーニングを進化できてる？

僕がチューブトレーニングに取り組み始めたきっかけは、「腰痛」を治すためでした。ご存じの方も多いと思いますが、僕は大学時代にヘルニアと腰椎《ようつい》分離症を患い、それはサッカーをすることができないレベルにまで悪化していました。治療法が書いてある本を買い漁って読む、さまざまなトレーニングやリハビリを試すなど「効果がある」と聞けばなんでもやりましたが、一向に良くなりません。そんな時、トレーナーの木場克己さんと出会います。

そこで木場さんと一緒に取り組んだのが、体幹トレーニングとチューブトレーニングでした。ですから、僕の**チューブトレーニングの第一歩は「ケガの治療」「リハビリ」**だったと言えます。実際、「チューブ」はもともと、肉離れなどのリハビリの過程で使われていました。これは、チューブがマシントレーニングのような「重いもの」を持つことで負荷をかけるのではなく、自重（自分の体重）に近いレベルの負荷で筋肉に刺激を与えることができるからです。

腰痛を解消するために体幹トレーニングでお腹周りのインナーマッスルを固め、チューブトレーニングでお尻を鍛える。この効果は絶大でした。腰痛はみるみるうちに消え、プレーにもまったく支障がないほどに回復したのです。そして、チューブトレーニングを筋力強化にも使うようになりました。木場さんの助言を受けながら、さまざまな**アレンジを加えてオリジナルのトレーニング、メニューを行う**ようにしたのです。それは今でも続け、体調や目的に応じて体幹トレーニング、チューブトレーニングに工夫を加えています。

こうした**試行錯誤はトレーニングにとって非常に重要**です。いきなりこんなことを言うのもおかしいですが、本書で紹介するトレーニングが絶対の正解ではありません。トレーニングに取り組みながら自分にとって必要なトレーニングを考え、見つけ、作り出していくことがとても重要なのです。**トレーニングは常に進化しなければいけません。**そうしなければ、それまでの自分を超えることができないわけですから。

そのために**重要なことが「自分の体を知る」こと**です。

自分の体はどこが強いのか。どこが弱いのか。どういう動作をしたいのか。どういう目的を達成したいのか。そしてトレーニング中に「今、どこの筋肉が反応しているだろうか」と**常に想像する**こと。

これはとっても難しいことです。でも、それを学び、意識しながらやるのとやらないのでは大きな差が出てきます。そして、これができてくると**体からの信号を感じ取ることができます。**「お腹周りの筋肉を中心に鍛えよう」、「疲れ気味だから今日は軽めにしよう」……。そのレベルにまでなれれば、トレーニングの効果は一層高まります。

POINT

03

「脱力」トレーニングを心がける

CHECK!

力が入りすぎていない？

体の部位を意識できている？

チューブトレーニングを行う際に注意してもらいたいのが、いかに**最小限の力で「脱力」しながら取り組めるか**、ということです。トレーニングでは「ガンガン鍛えてやろう」という意識から、どうしても全身に力が入ってしまいます。僕自身、2年前まではそうでした。

例えばお腹周りを鍛えているのに、顔や手、脚にすごい力が入ってしまう……。これでは柔軟性のある筋肉は作れません。僕はこのことでケガまでしてしまいました。

そこでなるべく「脱力」してトレーニングを行おうとしました。すると、今までより高い効果を挙げられました。もちろん、**鍛えている部位には力が入りますが、それ以外の部位を極力緩め、脱力の意識を持つ。**これだけで効果がまったく違ったのです。

そのためには「呼吸」も重要です。**鼻から吸って口から出す、腹式呼吸**をすることで、「脱力」を助けリラックスした状態で質の高いトレーニングを行うことができます。

また、今どこの部位が鍛えられているかをしっかりと理解、意識しながら行うことで、どこを緩めればいいかが分かります。そのためにも、体の部位はきちんと覚えておきましょう。

トレーニングに重要な 体の部位と働き

●**インナーマッスル** … 表層ではない、骨格や内臓に近い深層にある小さな筋肉群。全身のバランスを整える。

●**アウターマッスル** … 大胸筋などの体の表面に近い部分にある大きな筋肉群。肥大することでパワーがつく。

腹横筋《ふくおうきん》

鍛えると ぽっこりお腹解消

腹直筋、腹斜筋の深部、背骨から内臓を囲む。強化で腹圧を高める。

腸腰筋《ちょうようきん》

鍛えると 運動能力向上

内臓後ろの大腰筋、腸骨筋などからなる筋肉群。走力などがアップ。

内転筋《ないてんきん》

鍛えると ケガ防止

太ももの内側の筋肉。強化で踏み出す力のアップやケガ防止などにつながる。

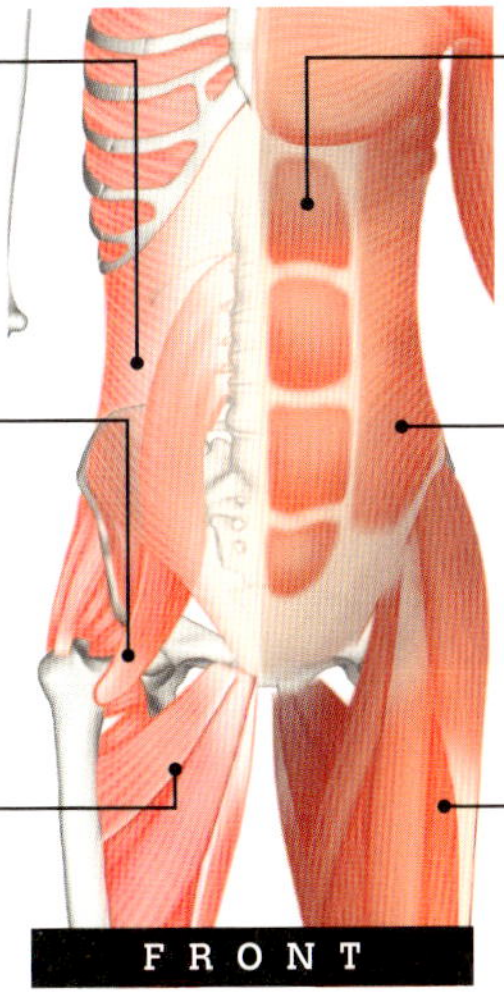

腹直筋《ふくちょくきん》

鍛えると 美しい腹筋に

腹筋を代表するお腹の前面にある筋肉。「割れた腹筋」はこのこと。

腹斜筋《ふくしゃきん》

鍛えると ウエストシェイプアップ

わき腹にある筋肉。強化で腰の素早い回転を促す、くびれを作る。

大腿四頭筋《だいたいしとうきん》

鍛えると 下半身の安定

太ももの前部の筋肉。強化で走力、キック力アップ、腰痛の解消に。

脊柱起立筋《せきちゅうきりつきん》

鍛えると きれいな姿勢に

背中の深部、首から骨盤をつなぐ筋肉。体の軸を作り、体幹トレに欠かせない。

中臀筋《ちゅうでんきん》

鍛えると ヒップアップ

お尻の側面、腰の両側にある。強化でジャンプ力アップ、ヒップアップ効果など。

骨盤《こつばん》

寛骨、仙骨、尾骨からなる骨。

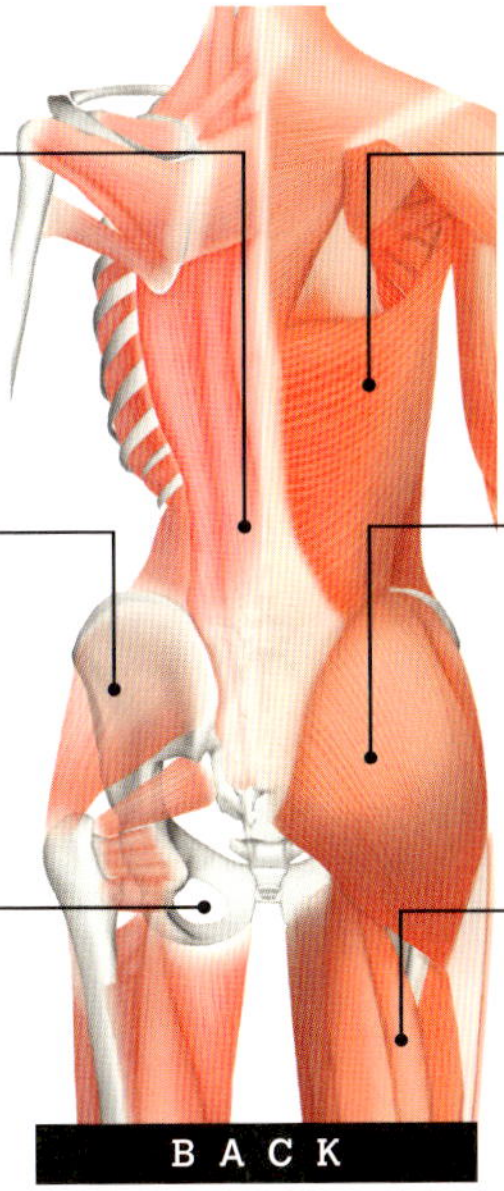

広背筋《こうはいきん》

鍛えると パワーアップ

背中にある大きな筋肉。強化で速い球を投げたり、「逆三角形の体」を作れる。

大臀筋《だいでんきん》

鍛えると 走力、跳力アップ

お尻全体を覆う筋肉。強化で走る力、跳ぶ力アップ、ヒップアップ効果など。

大腿二頭筋《だいたいにとうきん》

鍛えると ダッシュ力アップ

太もも裏側にある筋肉。ハムストリングの一部。強化でダッシュ力アップなど。

簡単レベル診断

長友式チューブトレーニングは「強く引っ張る」ことを目的としません。
ですからケガのリスクも少なく安心してできるトレーニングです。
だからこそ子どもさんから高齢の方まで取り組めるのです。
そんな幅広い世代に有用なチューブトレーニングを始める際、
自分がどのくらいのレベルか簡単に診断してみましょう。

下の3つのトレーニングを試してポイントをチェックしてみよう

CHECK 1 P.74
ジャンプをした時に真っすぐ跳べた？

1 腰に手を当て両脚を広げる

2 両脚を開くイメージでジャンプ

［ Yes / No ］

CHECK 2 P.110
チューブを引っ張る時頭がぶれてない？

1 脚を骨盤の幅に開く

2 右脚、左脚を順に前に出す

3 リズムよく左右にステップ

［ Yes / No ］

CHECK 3 P.98
骨盤がぶれてない？

1 ヒジをつき骨盤を持ち上げる

2 片ヒザをお腹のほうへ引きつける

［ Yes / No ］

診断！

3つともYesの人は黄色の中・上級チューブから、ひとつでもNoがついた人は青の初級チューブから挑戦しよう！

自分のレベルをチェックしてから始めよう！

第2章

「体幹×チューブ」トレーニング

目的別メニュー編

「メンタル」の重要性をしっかり意識してもらったところで、「体幹×チューブ」トレーニングで実現できる具体的なメニューを紹介していきます。①ストレッチ②チューブトレーニング③体幹トレーニングの順で、「目標」達成のためにもっとも近いメニューから実践してみてください。またそれぞれの目的に、メニューを組む際のポイントも書いておきました。自分の体を知り、「信号」に気付けるようになれば、ポイントに沿ってオリジナルのトレーニングメニューを組んでみることをお勧めします。

目的 01

ダイエットをしたい

POINT

- インナーマッスルを鍛えて基礎代謝を上げる
- チューブトレーニングで全身に「連動」を

対象	20～70代男女
目安時間	15～20分（1set）
インターバル	トレーニング間▶ 5～10秒 セット間▶ 1分
ペース	週3～5回
セット数	1～5set

①ストレッチ

1. わき腹を伸ばす

9 ▼ストレッチ P.48

▼

2. お尻と太ももを伸ばす

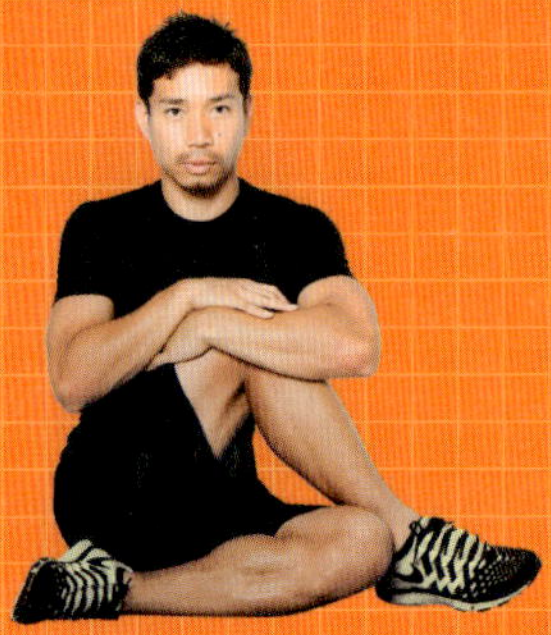

3 ▼ストレッチ P.42

▼

3. 股関節を伸ばす

10 ▼ストレッチ P.49

②チューブトレーニング

4. レッグスイング

7 ▼チューブトレーニング P・70

5. チューブジャンプ

10 ▼チューブトレーニング P・74

6. 片脚サイドバランス(太もも)

3 ▼チューブトレーニング P・64

③体幹トレーニング

7. 片脚サイドブリッジ

7 ▼体幹トレーニング P・92

8. 水平クランチ

5 ▼体幹トレーニング P・90

インナーマッスルと大きな筋肉を動かすこと、呼吸を止めずにゆっくり動かすことがポイントになります。またカロリーは、刺激を入れたあとの血流が良くなっている間に消費されていくので、トレーニングのインターバルを短めに。軽めのメニューなので毎日でもできますが、それであれば週5回を最大にし、他の日はジョギングや散歩にしたほうが効果的です。

目的 02

お腹を凹ませたい

POINT

- 脚を胸に引きつける動きでお腹を引き締める
- 大腰筋を鍛えることで骨盤を安定させる

NAGATOMO TUBE for THE CORE TRAINING

対象	20～70代男女
目安時間	15～20分（1set）
インターバル	トレーニング間▶ 5～10秒 セット間▶ 1分
ペース	週3～5回
セット数	1～5set

①ストレッチ

1. 体全体を伸ばす

14 ▼ストレッチ P.54

2. わき腹と腰を伸ばす

6 ▼ストレッチ P.45

3. 体の後ろ側を伸ばす

15 ▼ストレッチ P.56

②チューブトレーニング

4. チューブVクランチ
13

▼チューブトレーニング P・77

5. サイドクランチチューブ
15

▼チューブトレーニング P・79

6. 腕つきサイドブリッジチューブ
12

▼チューブトレーニング P・76

③体幹トレーニング

7. ダブルニートゥーチェスト
6

▼体幹トレーニング P・91

8. 連動Vクランチ
8

▼体幹トレーニング P・93

お腹を凹ませるために知っておきたい筋肉に、大腰筋《だいようきん》があります。腸腰筋《ちょうようきん》を構成するインナーマッスルのひとつで、背骨から太ももの付け根に伸びています。この筋肉を鍛えることで、お腹が出てしまう原因となる「骨盤」を矯正することができます。大腰筋は脚を「引き上げる」動作に作用しますので、「引き上げる」トレーニングが効果的になります。

目的 **03**

姿勢をよくしたい

POINT

- ストレッチ、トレーニングともに「軸」を意識する
- 脚の直線上に頭が乗っているイメージを持つこと

対象	10~70代男女
目安時間	15~20分（1set）
インターバル	トレーニング間▶5~10秒 セット間▶1分
ペース	週3~5回
セット数	1~5set

①ストレッチ

1. お尻と股関節を伸ばす

1 ▼ストレッチ P.40

▼

2. お尻と背中を伸ばす

5 ▼ストレッチ P.44

▼

3. わき腹とふくらはぎを伸ばす

2 ▼ストレッチ P.41

②チューブトレーニング

4. 片脚バランスチューブ

1

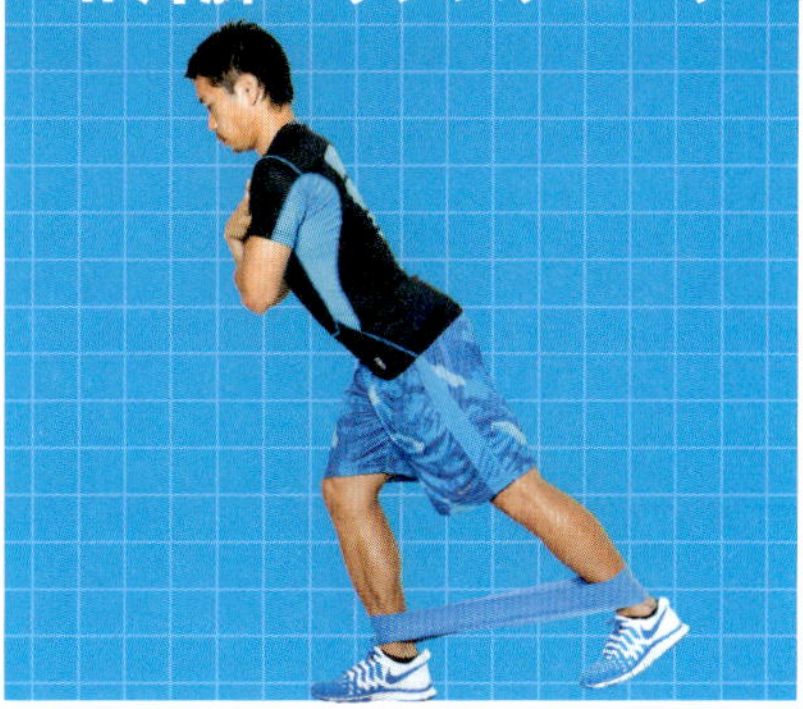

▼チューブトレーニング P・62

5. 片脚サイドバランス(足首)

2

▼チューブトレーニング P・63

6. サイドブリッジチューブ

11

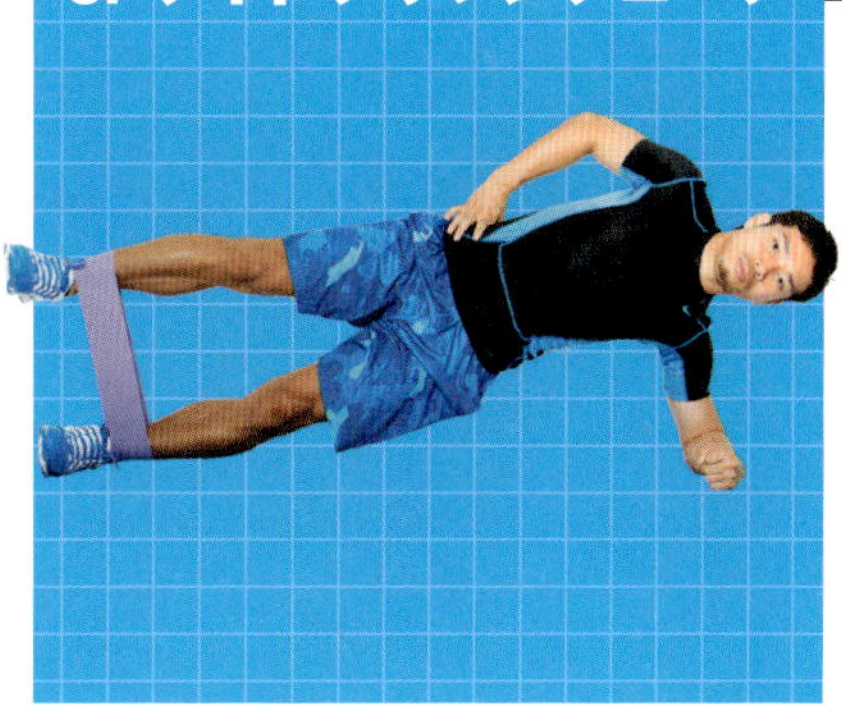

▼チューブトレーニング P・75

③体幹トレーニング

7. バックキック

10

▼体幹トレーニング P・95

8. ヒジつきバックブリッジ

12

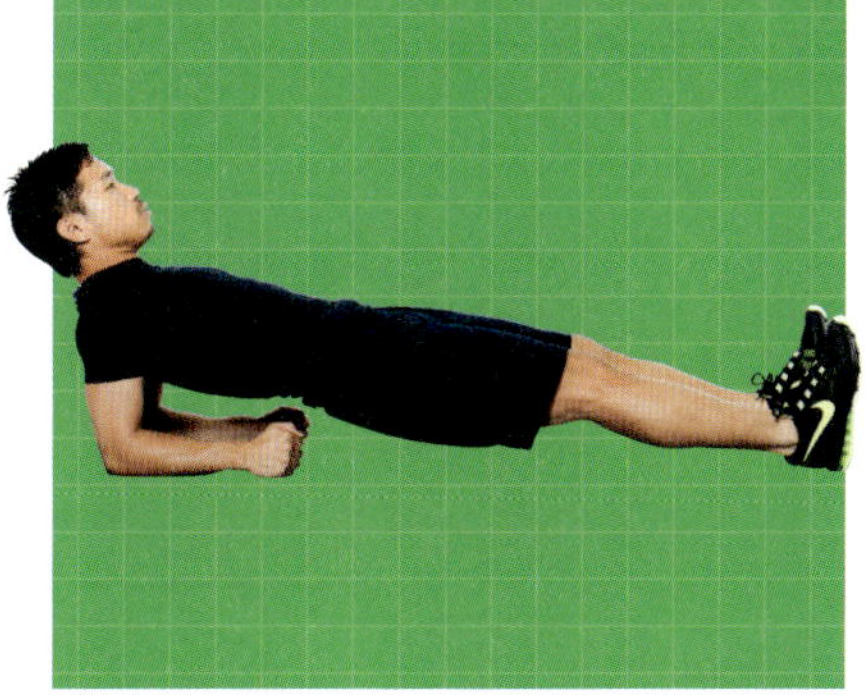

▼体幹トレーニング P・97

重心を左右する頭の位置を正しい場所にもっていくことで姿勢は矯正できます。前に重心があると猫背になりやすいように、体の重心がどこにあるかは姿勢にとって大切です。意識すべきは、脚の真っすぐ上に頭が乗っていることと、ストレッチで背中をしっかりほぐすこと。こうした「軸」を意識できるメニューを中心にすることで「姿勢」をよくしていきます。

目的 04

疲れにくい体を手に入れたい

POINT

- 上半身を支える下半身を強化する
- チューブトレーニングでお尻を鍛える

①ストレッチ

1. お尻と背中を伸ばす

5 ▼ストレッチ P.44

▼

2. 股関節と腰を伸ばす

13 ▼ストレッチ P.52

▼

3. 体全体を伸ばす

14 ▼ストレッチ P.54

対象	20~70代男女
目安時間	15~20分（1set）
インターバル	トレーニング間▶ 15~30秒 セット間▶ 1分
ペース	週1~3回
セット数	1~5set

②チューブトレーニング

4. チューブジャンプ

10

▼チューブトレーニング P・74

5. フロントブリッジチューブ

16

▼チューブトレーニング P・80

6. 片脚サークルバランス（太もも）

6

▼チューブトレーニング P・68

③体幹トレーニング

7. スタンディングクロスクランチ

1

▼体幹トレーニング P・86

8. クロスクランチ

9

▼体幹トレーニング P・94

全身を使うトレーニングを中心に考えていきます。特に上半身を支える、下半身とお尻の筋肉の強化、その連動を意識します。これが足りないと日常生活の中で使う必要のない筋肉を使ってしまい疲労が溜まりやすくなります。上半身を支える片脚とお尻のトレーニングを中心に、ややきつめのメニューなのでトレーニングのインターバルを長めにしましょう。

目的 05

上半身のパワーをつけたい

POINT

- 骨盤周りの筋肉を安定させる
- 体幹周りの可動域をつける

対象	10～70代男女
目安時間	15～20分（1set）
インターバル	トレーニング間▶15～30秒 セット間▶1分
ペース	週1～3回
セット数	1～5set

①ストレッチ

1. わき腹とふくらはぎを伸ばす

2 ▼ストレッチ P.41

2. 内転筋と背中を伸ばす

12 ▼ストレッチ P.51

3. 体全体を伸ばす

14 ▼ストレッチ P.54

②チューブトレーニング

4. バックニーアップ

14

▼チューブトレーニング P・78

5. サイドブリッジチューブ

11

▼チューブトレーニング P・75

6. サイドクランチチューブ

15

▼チューブトレーニング P・79

③体幹トレーニング

7. フロントブリッジ

11

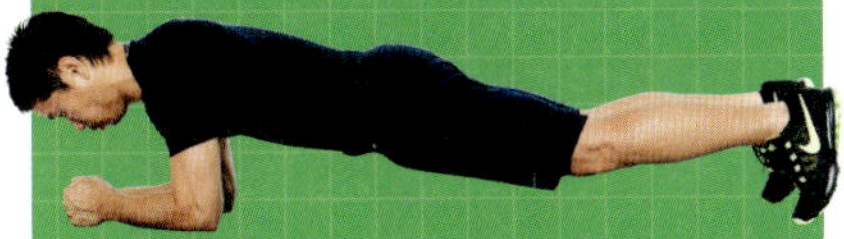

▼体幹トレーニング P・96

8. ヒジつきバックブリッジ

12

▼体幹トレーニング P・97

まずはお腹周りのインナーマッスル、アウターマッスルを鍛えていくことで体幹をしっかり固めます。チューブトレーニングはその体幹に効くものを、体幹トレーニングは背中を強化するものを選びます。そこから可動域をつけることで上半身の動きをスムーズに。ストレッチで回旋系の動きを取り入れ上半身にうまくパワーが伝わるようにしていきましょう。

目的 06

下半身のパワーをつけたい

POINT

- 股関節周りの柔軟性をつける
- チューブトレーニングで片脚の安定を

①ストレッチ

1. お尻と骨盤周りを伸ばす

4 ▼ストレッチ P・43

▼

2. もも裏を伸ばす

11 ▼ストレッチ P・50

▼

3. 股関節と腰を伸ばす

13 ▼ストレッチ P・52

対象	10~70代男女
目安時間	15~20分（1set）
インターバル	トレーニング間▶ 15~30秒 セット間▶ 1分
ペース	週1~3回
セット数	1~5set

②チューブトレーニング

4. 片脚サイドバランス(足首)

2 ▼チューブトレーニング P・63

5. レッグスイング

7 ▼チューブトレーニング P・70

6. 片脚サークルバランス(太もも)

6 ▼チューブトレーニング P・68

③体幹トレーニング

7. Vクランチ

16 ▼体幹トレーニング P・101

8. 水平スクワット

2 ▼体幹トレーニング P・87

下半身を鍛える時に一番重要なことが股関節周りの柔軟性を高めていくことです。股関節の動きがよくないと筋肉がつきづらいので、ストレッチでしっかりと回旋できるように伸ばしていきます。また、チューブトレーニングでは下半身の安定を作り出すために片脚でバランスを維持するもの、頭をふくめた重心をぶらさないものを選んでいきましょう。

目的 07

腰痛を改善したい

POINT

- わき腹の筋肉とお尻の筋肉の連動を
- 片脚を上げた時にぶれない筋肉をつくる

①ストレッチ

1. お尻を伸ばす

8 ▼ ストレッチ P.47

▼

2. 股関節と腰を伸ばす

13 ▼ ストレッチ P.52

▼

3. わき腹と腰を伸ばす

6 ▼ ストレッチ P.45

対象	10~70代男女
目安時間	15~20分（1set）
インターバル	トレーニング間▶ 30~60秒 セット間▶ 1分
ペース	週1~3回
セット数	1~5set

②チューブトレーニング

4. バックニーアップ

14

▼チューブトレーニング P・78

▼

5. 脚上げチューブバランス

5

▼チューブトレーニング P・66

▼

6. ニーインサイドアウト

4

▼チューブトレーニング P・65

③体幹トレーニング

7. バックキック

10

▼体幹トレーニング P・95

▼

8. バックブリッジ

14

▼体幹トレーニング P・99

片脚を上げた時にふらふらするようだと腰痛になる可能性があります。腸腰筋のひとつである大腰筋が加齢とともに弱くなるからです。そうすると骨盤が前傾し、腰痛だけではなく、姿勢の悪化、転びやすいなどさまざまな弊害が出てきます。チューブトレーニングで大腰筋の強化、わき腹とお尻の連動性を高めることで筋肉のコルセットを作ります。

目的 08

転倒予防

POINT

- 上半身の動きに下半身が反応するようにする
- チューブトレーニングでわざと不安定を作り出す

対象	20~70代男女
目安時間	15~20分（1set）
インターバル	トレーニング間▶30~60秒 セット間▶1分
ペース	週1~3回
セット数	1~5set

①ストレッチ

1. お尻を伸ばす

8 ▼ストレッチ P・47

2. お尻と股関節を伸ばす

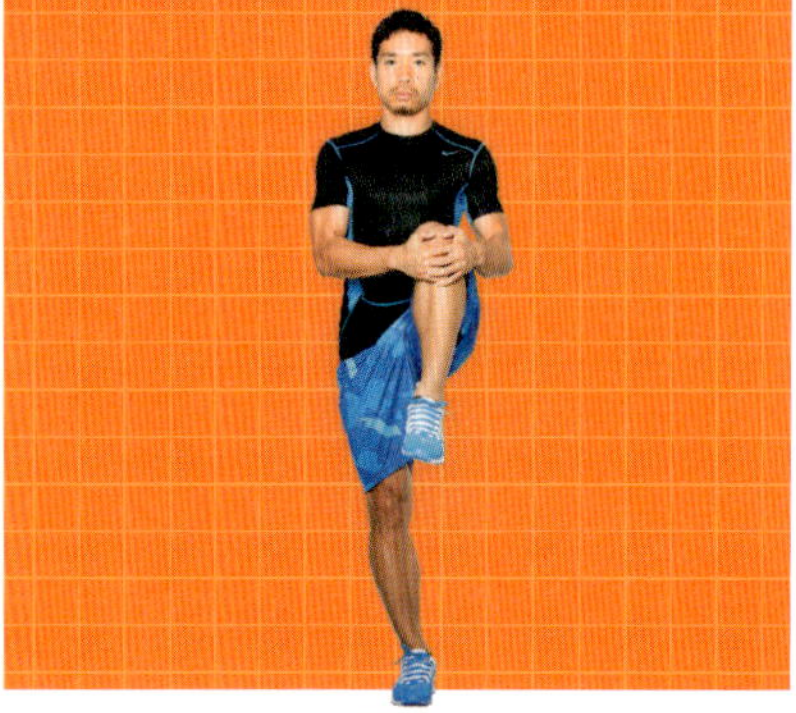

1 ▼ストレッチ P・40

3. お腹と股関節を伸ばす

16 ▼ストレッチ P・57

②チューブトレーニング

4. 片脚バランスチューブ

1 ▼チューブトレーニング P・62

5. 片脚バランスジャンプチューブ

17 ▼チューブトレーニング P・82

6. 脚上げチューブバランス

5 ▼チューブトレーニング P・66

③体幹トレーニング

7. 片脚バランス

3 ▼体幹トレーニング P・88

8. 片脚サイドブリッジ

7 ▼体幹トレーニング P・92

チューブトレーニングはとにかく安全で簡単です。繰り返し書いていますが強く引っ張る必要はなく、バランスを保つことを意識します。なので加齢とともにリスクの増える転倒の予防になります。上半身が不安定でも下半身で踏ん張ることができれば転倒はしません。踏ん張る筋肉とそれにしっかりと反応できる筋肉をつけていくことが重要になります。

目的 09

バランス感覚を養いたい

POINT

- 全身の反応を高めるトレーニングをしていく
- チューブトレーニングでインナー、アウター、連動を意識

NAGATOMO TUBE for THE CORE TRAINING

対象	10~70代男女
目安時間	15~20分（1set）
インターバル	トレーニング間▶15~30秒 セット間▶1分
ペース	週1~3回
セット数	1~5set

①ストレッチ

1. お尻と股関節を伸ばす

1 ▼ストレッチ P・40

2. お尻と背中を伸ばす

5 ▼ストレッチ P・44

3. 体全体を伸ばす

14 ▼ストレッチ P・54

②チューブトレーニング

4. 腕つきサイドブリッジチューブ

12 ▼チューブトレーニング P.76

5. 片脚バランスチューブ

1 ▼チューブトレーニング P.62

6. 軸脚ステップ

8 ▼チューブトレーニング P.71

③体幹トレーニング

7. 水平スクワット

2 ▼体幹トレーニング P.87

8. T字片脚バランス

4 ▼体幹トレーニング P.89

一歩目の動き出しを速くする、それに反応する筋肉を作る。このことに主眼を置くことでバランス感覚を養うことができます。そのために重要となるのが、インナーマッスルとアウターマッスルの連動です。チューブトレーニングで頭の重心がぶれないよう意識しながら、インナー、アウター、連動の三つが揃ったメニューを中心に組んでいきます。

目的 10

しなやかな体を手に入れたい

POINT

- どんな動きにも対応できる筋肉にする
- 重心移動とそれを支える下半身を鍛える

対象	10～70代男女
目安時間	15～20分（1set）
インターバル	トレーニング間▶ 15～30秒 セット間▶ 1分
ペース	週1～3回
セット数	1～5set

①ストレッチ

1. わき腹と腰を伸ばす

6 ▼ストレッチ P・45

▼

2. 体全体の筋肉を伸ばす

7 ▼ストレッチ P・46

▼

3. 体の後ろ側を伸ばす

15 ▼ストレッチ P・56

②チューブトレーニング

4. 片脚サイドバランス(太もも) 3

▼チューブトレーニング P・64

▼

5. サイドジャンプチューブ 18

▼チューブトレーニング P・84

▼

6. スライドバランスチューブ 9

▼チューブトレーニング P・72

③体幹トレーニング

7. もも上げフロントブリッジ 13

▼体幹トレーニング P・98

▼

8. ドローインVクランチ 15

▼体幹トレーニング P・100

しなやかな体は、体幹と臀部、太ももすべての筋肉が反応できてはじめて作られます。そのために、重心の移動、チューブトレーニングでの体幹とお尻の連動を考えてメニューを組みます。重心移動を意識し上半身がぶれないトレーニングとその移動の際に下半身が上半身をしっかりと支えることができるトレーニングを中心に選んでいきます。

目標を失った日

「ここまでひとつの目標のために本気になれるのか」――。

ブラジルW杯までの4年間の僕は、そんなことを感じていました。練習が終われば、W杯を想像し走り込む、武器を増やすためにシュート練習を繰り返す、イメージトレーニングをする……。とにかく、ブラジルで躍動することを、日本代表を世界に知らしめることを、そして頂点に立つことを目指し、サッカー人生のすべてのエネルギーを注いできました。

それほど強い「目標」が僕を支配していたのです。それは、今まで経験したことのない感覚でした。

しかし――。W杯の結果は残酷でした。

勝負の世界に敗者は必ず存在します。勝敗は受け止めなければなりません。それは頭では分かっていたのですが、かけてきたエネルギーの分だけ、まるで燃え尽きてしまったかのような感覚に陥っていました。これからどうすればいいんだろう……。

「目標」が見えなくなったのです。

ただ、振り返ってみればこの瞬間の苦しみというのは、さらなる大きな壁への始まりでしかなかったのです。

第3章

「体幹×チューブ」トレーニング

ストレッチ編

「体幹×チューブ」トレーニングを行う前に重要なものがストレッチです。ストレッチをする際には、どこの部位が伸びているか、きちんとリラックスしながらできているかに意識を集中させてください。また、大きな反動をつけたりせず、ゆっくり呼吸をしながらやりましょう。きちんと体をリセットし、ほぐすことでトレーニング中のケガを予防し、さらにはより大きい範囲で筋肉に刺激を与えることができるようになります。トレーニング後の疲れを翌日以降に引きずらないためにも有効です。

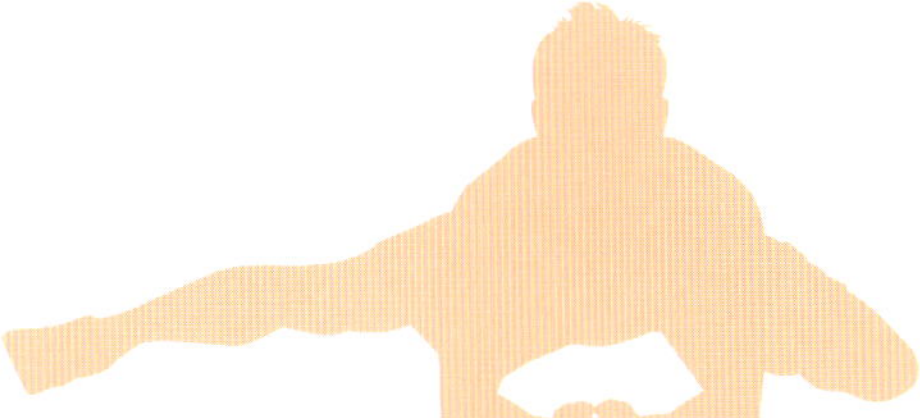

1 ▶ストレッチ

お尻と股関節を伸ばす

意識する場所［ほぐされる箇所］

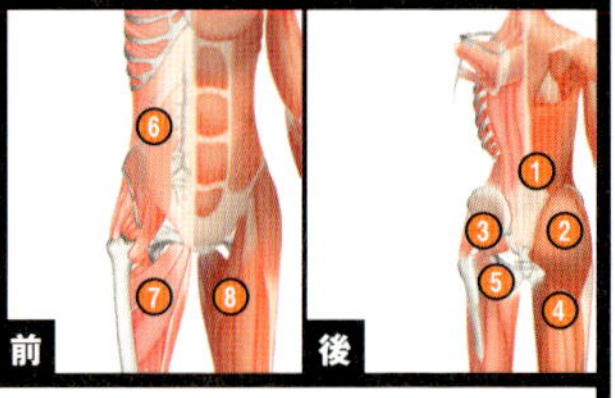

解説 ①脊柱起立筋②大臀筋③中臀筋④大腿二頭筋⑤骨盤⑥腹横筋⑦内転筋⑧大腿四頭筋を伸ばす。

1

真っすぐに立ちヒザを胸のほうに引きつける

正面を向き真っすぐに立つ。息を吐きながらヒザをゆっくりと胸のほうへ引きつけていく。反対の脚も行う。引きつけて10～30秒キープが目安。

別アングル

頭、お尻が前後にぶれてしまったり、立っているほうのヒザが曲がってしまったりしないように注意。

2 ▶ストレッチ

わき腹とふくらはぎを伸ばす

意識する場所［ほぐされる箇所］

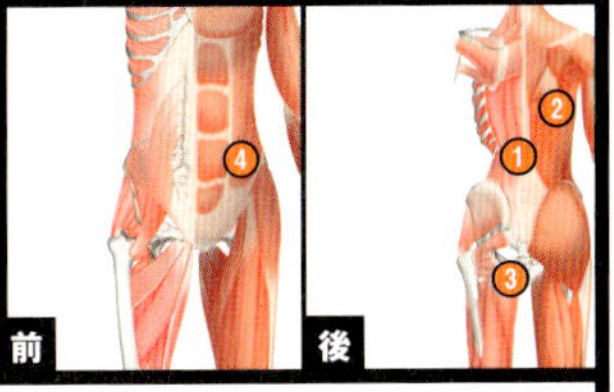

解説 ①脊柱起立筋②広背筋③骨盤④腹斜筋を伸ばす。頭から股関節の軸を意識。

1

真っすぐに立ち両手を上げる

別アングル

正面を向き真っすぐに立ったら、腕は耳の真横になるようにして両手を上げる。その際、体の軸もきちんと意識。

2

そのまま両脚のかかとを上げる

別アングル

両手、指先を伸ばし、わき腹が伸びていることを意識しながら両脚のかかとを上げて5～10秒キープする。

3 ▶ストレッチ

お尻と太ももを伸ばす

意識する場所［ほぐされる箇所］

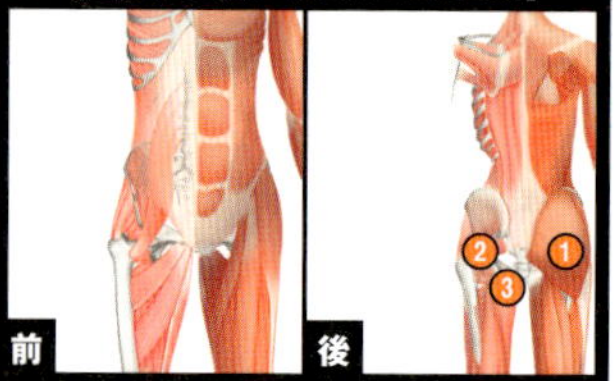

解説 ①大臀筋②中臀筋③骨盤を伸ばす。くるぶしとヒザをつけゆっくり寝かそう。

1 両手をついて座り脚を組む

立てたヒザにくるぶしが当たるように脚を組む。このとき大臀筋が伸びている。

2 組んだ脚をそのまま下ろし、ヒザを抱える

両脚の接点であるくるぶしとヒザを寝かせるように床のほうへ。床についたところで、両腕でもう片方のヒザを抱え10秒キープ。反対の脚も行う。

4 ▶ストレッチ

お尻と骨盤周りを伸ばす

意識する場所［ほぐされる箇所］

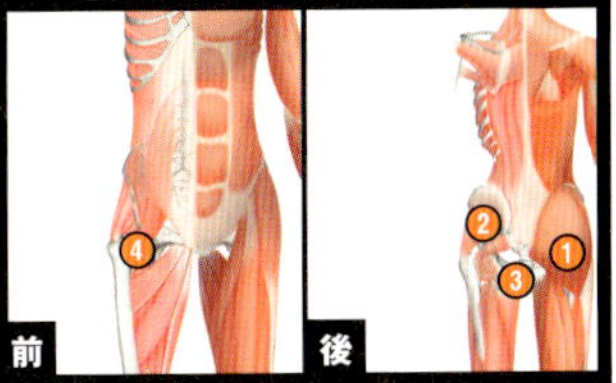

解説 ①大臀筋②中臀筋③骨盤④腸腰筋を伸ばす。お腹と下半身をリセットしよう。

1 うつ伏せで両ヒジをつき、片脚をお腹の下へ

両ヒジをついてうつ伏せの状態になる。片脚を胸のほうへ引き上げていき、そこから足首をお腹の下側へ入れ10秒キープ。反対の脚も行う。伸ばしているほうのヒザが持ち上がったり、背中が反ったりしないように注意。

別アングル

5 ▶ストレッチ

お尻と背中を伸ばす

意識する場所［ほぐされる箇所］

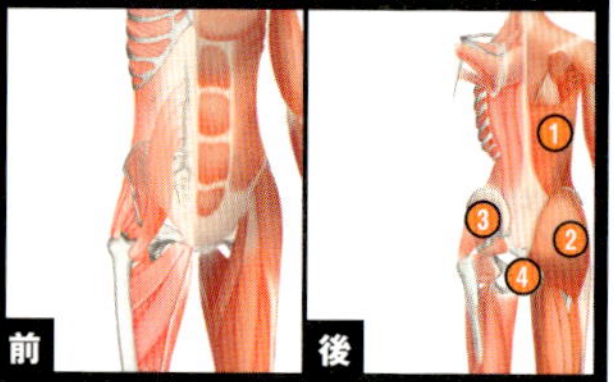

解説 ①広背筋②大臀筋③中臀筋④骨盤を伸ばす。背骨を意識して伸ばしていこう。

1 片脚をヒザ上に乗せ、両手を真っすぐ前へ伸ばす

真っすぐに立った状態からやや腰を落とし、片脚のくるぶしをもう片方の脚のヒザ上に乗せる。そこから両手を合わせ真っすぐ前へ伸ばした状態で、バランスを保ちながら10秒キープをする。反対の脚も行う。

6 ▶ストレッチ

わき腹と腰を伸ばす

意識する場所［ほぐされる箇所］

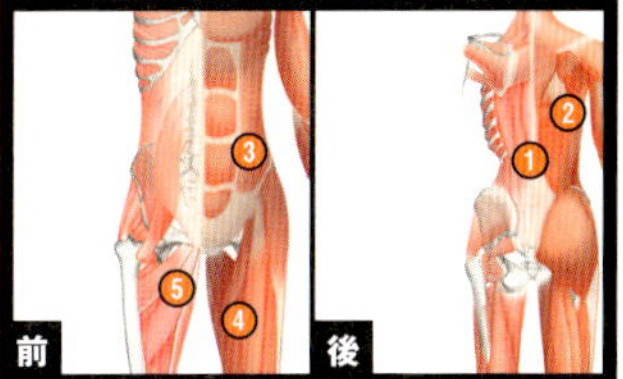

解説 ①脊柱起立筋②広背筋③腹斜筋④大腿四頭筋⑤内転筋を伸ばす。 上半身をしっかりひねる。

1 開脚した状態で上半身を後ろ側へひねる

無理をしない範囲で開脚をし、 そこから上半身を後ろ側へゆっくりとひねっていく。そのまま10秒キープする。腰をしっかりと回し、 わき腹と腰が伸びるイメージを持つ。

2 反対側のほうへもひねる

開いた脚のヒザやかかとが浮かないように気をつけながら反対方向へもひねっていく。同じく10秒キープをして体を前に戻していく。

7 ▶ストレッチ

体全体の筋肉を伸ばす

意識する場所［ほぐされる箇所］

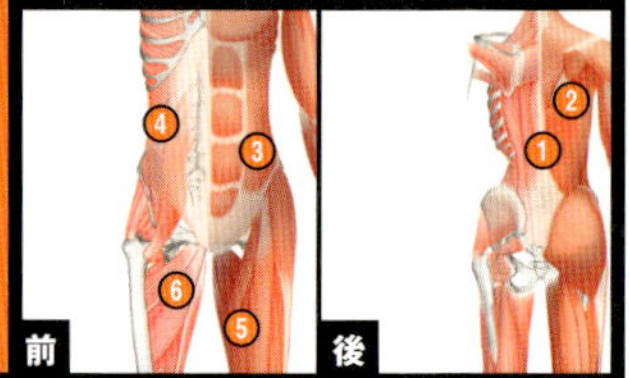

解説 ①脊柱起立筋②広背筋③腹斜筋④腹横筋⑤大腿四頭筋⑥内転筋を伸ばす。

1 開脚をした状態で手を反対の脚へ伸ばす

手は頭の上をとおしていくイメージでゆっくりと伸ばす。伸びきったところで5秒キープ。手はつま先まで届かなくてもOK。

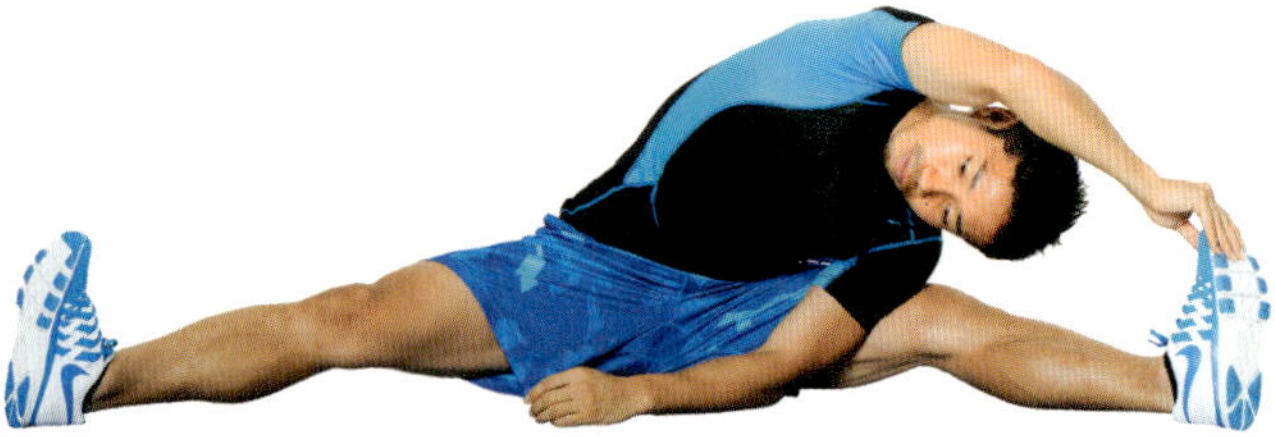

2 反対側も伸ばす

同じように反対の手を頭の上をとおしていくイメージで伸ばしていき、伸びきったところで5秒キープ。

3 上半身を前に倒していく

左右の体の側面を伸ばしたあとは、背中を伸ばしていく。開脚をしたまま上半身をゆっくり倒し5秒キープ。1〜3いずれも自然呼吸を心がける。

8 ▶ストレッチ

➔『長友佑都 体幹トレーニング20』P.030

お尻を伸ばす

意識する場所［ほぐされる箇所］

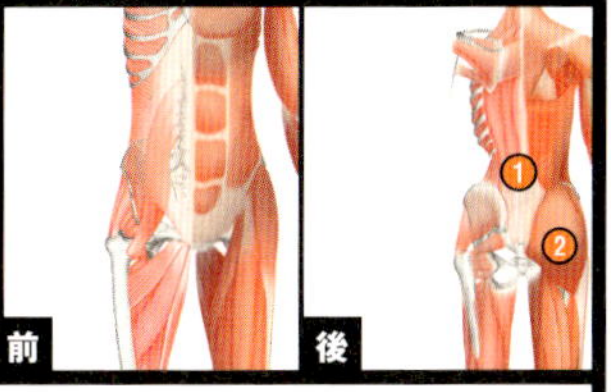

解説 ①脊柱起立筋②大臀筋を伸ばす。正面を向いて太ももからお尻を意識しよう。

1

両手をついて座り脚を組む

別アングル

立てたヒザにくるぶしが当たるように脚を組む。大臀筋が伸びていることを意識しながら息を吐く。反対の脚も行う。

9 ▶ストレッチ →『長友佑都 体幹トレーニング20』P.031

わき腹を伸ばす

意識する場所［ほぐされる箇所］

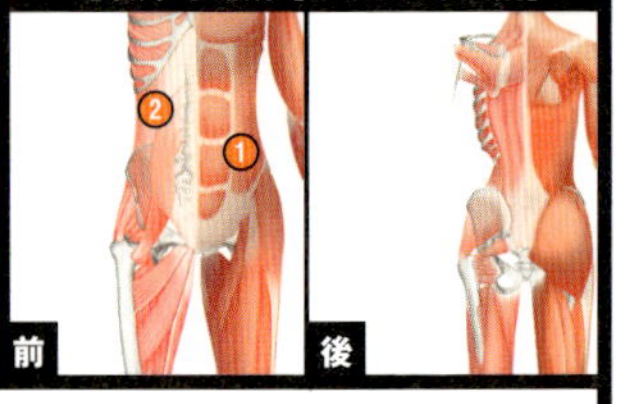

解説 ①腹斜筋②腹横筋を伸ばす。お腹周りのインナー、アウターがしっかり伸ばせる。

1 両手をつき片脚を曲げる。曲げた方向へ体をひねる

曲げたヒザは90度、手は肩の真下に。目線をひねる方向に向け、わき腹が伸びていることを意識しながら息を吐く。脚を変え反対も行う。

10 ▶ストレッチ 『長友佑都 体幹トレーニング20』 P.035

股関節を伸ばす

意識する場所［ほぐされる箇所］

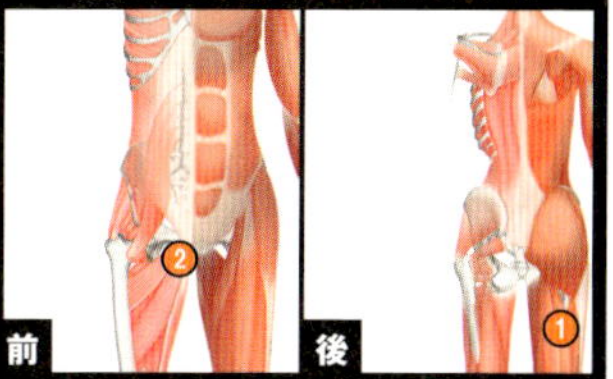

解説 ①大腿二頭筋②股関節を伸ばす。股関節が硬いと可動域も減るのでしっかり取り組もう。

1 仰向けに寝転がる

つま先を真っすぐ上に向け、仰向けに寝転がる。腰が浮かないように、なるべく床にくっつけるようにする。

2 片脚を胸まで引きつける

ヒザを両手で持ち、息を吐きながら3秒で胸のほうへ引きつけていく。息を吐ききったところで7秒自然呼吸。反対の脚も行う。

11 ▶ストレッチ →『長友佑都 体幹トレーニング20』P.033

もも裏を伸ばす

意識する場所［ほぐされる箇所］

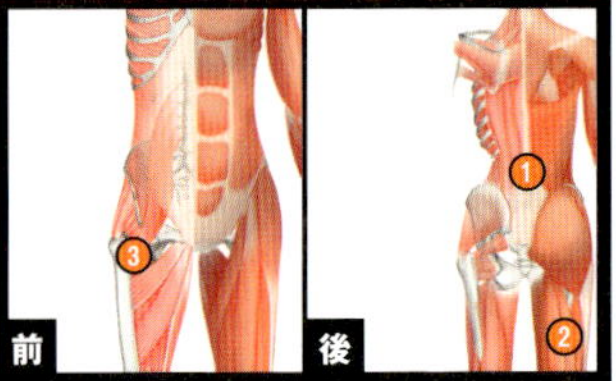

解説 ①脊柱起立筋②大腿二頭筋③腸腰筋を伸ばす。太ももの裏側を意識しながらやろう。

1 片脚を伸ばし体を前へかがませる

もも裏を意識し息を吐く。伸ばした脚のつま先はつかまず軽く添えるだけのイメージ。反対の脚も行う。

より深く伸ばす

伸ばした側の脚のヒザを曲げて同じ体勢のストレッチ。もも裏のより内側のストレッチになる。体が硬い人はこの姿勢からでもOK。

12 ▶ストレッチ

『長友佑都 体幹トレーニング20』P.034

内転筋と背中を伸ばす

意識する場所［ほぐされる箇所］

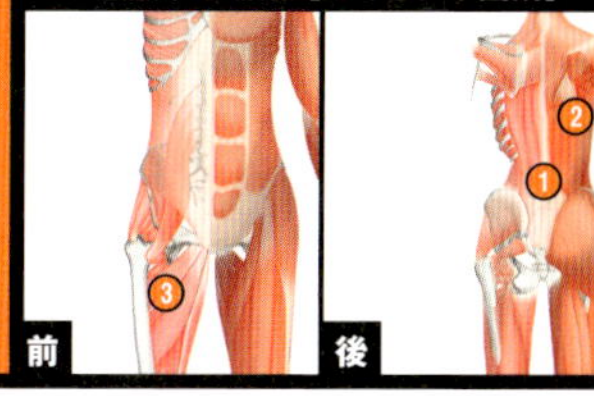

解説 ①脊柱起立筋②広背筋③内転筋を伸ばす。腰周りを意識しながらかがむ時に背中を意識。

1 足の裏を合わせるようにして座る

かかとを股関節のほうへ引きつけ、背筋を伸ばす。目線は真っすぐ前。内転筋が伸びていることを意識し息を吐く。

2 そのまま上半身を前傾させる

背骨の一本一本が伸びていくイメージを持ち、息を吐きながら上半身を前へ傾ける。

別アングル

13 ▶ストレッチ →『長友佑都 体幹トレーニング20』P.032

股関節と腰を伸ばす

意識する場所［ほぐされる箇所］

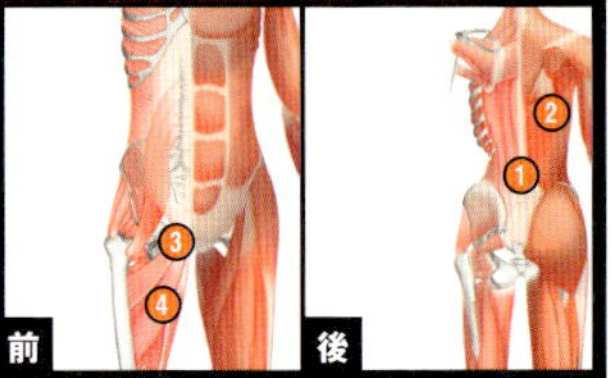

解説 ①脊柱起立筋②広背筋③股関節④内転筋を伸ばす。背部を横の動きに対応できるようにする。

1 脚を開きヒザに両手をつく

少しかがむような姿勢で開いたヒザに手を置く。背中が曲がらないよう意識し、目線は真っすぐ前。

2 片方の肩を体の前へ

下半身を固定し、肩を前へ出すイメージでひねる。目線もひねった方向へ。交互に数回繰り返す。

3 ヒザにヒジを持っていく

ヒジをヒザにつける。股関節と背中が伸びていることを意識する。

14 ▶ストレッチ ➔『長友佑都 体幹トレーニング20』P.038

体全体を伸ばす

意識する場所［ほぐされる箇所］

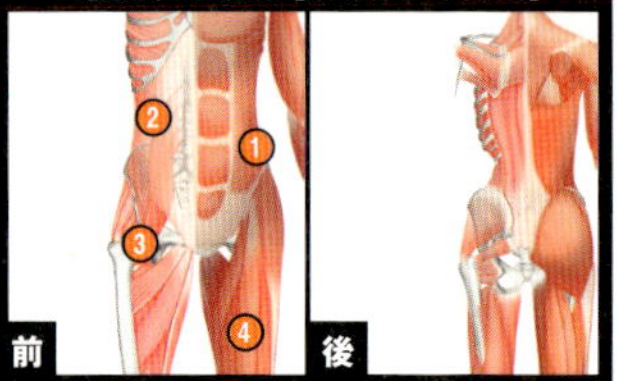

解説 ①腹斜筋②腹横筋③腸腰筋④大腿四頭筋を伸ばす。アウター、インナーをバランスよく。

1 片ヒザを立て両手を頭上へ

片脚はヒザをつき、もう一方はヒザを立てる。目線を前にしながら両手を真っすぐ上に伸ばして重ねる。

2 上半身を真横に傾ける

息を吐きながら上半身をゆっくり真横に倒していき、吐ききったらゆっくり戻す。太もも、腸腰筋を意識。

3 上半身を戻し傾けた方向へひねる

息を吐きながら倒したほうの上半身をゆっくりひねり、吐ききったらゆっくり戻す。腹斜筋、腹横筋を意識。反対側も行う。

15 ▶ストレッチ 『長友佑都 体幹トレーニング20』P.040

体の後ろ側を伸ばす

意識する場所［ほぐされる箇所］

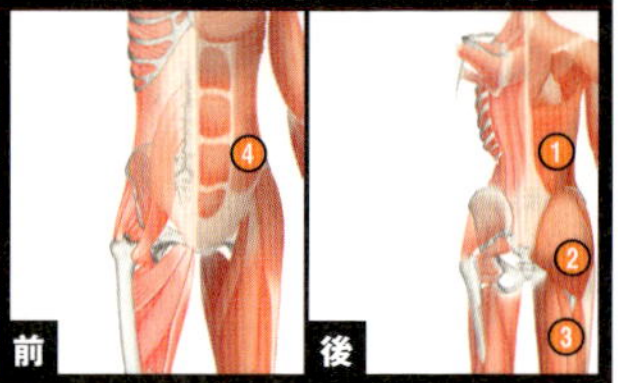

解説 ①広背筋②大臀筋③大腿二頭筋④腹斜筋を伸ばす。アウターマッスルをしっかり伸ばそう。

1 仰向けに寝て両手を広げる

軽く両脚を開き寝転がる。真横に右の指先と左の指先が一直線になるように両手を広げる。

2 片脚を真上に上げる

息を吐きながら片脚を真上に上げていく。もも裏を意識する。ヒザが曲がらないように注意。

3 腰をひねりながらゆっくり倒す

真上にある脚を腰をひねりながらゆっくりと倒していく。この時も息を吐きながら背中の筋肉を意識する。

16 ▶ストレッチ 『長友佑都 体幹トレーニング20』P.042

お腹と股関節を伸ばす

意識する場所［ほぐされる箇所］

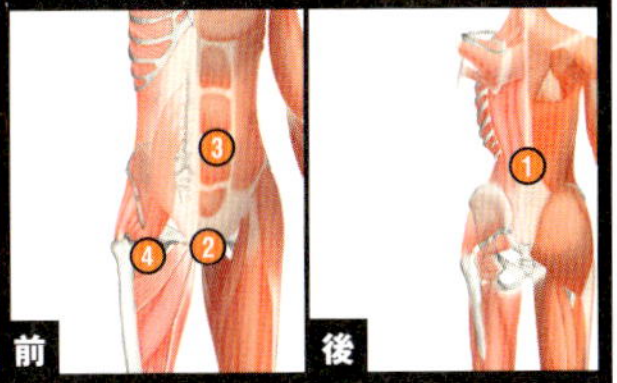

解説 ①脊柱起立筋②股関節③腹直筋④腸腰筋を伸ばす。お腹の大きな筋肉をリセットしよう。

1 うつ伏せで片脚を曲げる

胸を床にしっかりとつけ、うつ伏せの状態になり、おへその位置まで片脚を引き上げる。

2 ヒジを立てて、上半身を起こす

ゆっくりとヒジを立て、上半身を起こしていく。腰が浮かないように注意しお腹を伸ばす。

別アングル

COLUMN 2

サッカーが楽しくない

W杯が終わって3カ月後。所属するセリエAのシーズンが開幕していました。

W杯以降、いろいろなことがありました。ケガをしたり、調子が上がってこなかったり……。そして、僕は人生で初めて「目標」がない日々を送っていました。

今までは「目標」に少しでも近づくために練習後にプラスアルファのトレーニングをし、私生活でも「目標」達成のために必要なスケジュールを組んで行動をしていたのに、そういうことをしようというモチベーションがまったく湧いてきませんでした。

「僕はどこに向かっているのだろう」

その思いは、大好きだったはずのサッカーを楽しくないものに変えてしまいました。そしてこの時、僕はこう思ったのです。

「サッカーを、辞めよう」

かなり冷静な判断だったと思います。トレーニングをしよう、もっとうまくなろう、サッカーを楽しもう、そう思えないのであれば僕はピッチに立つ資格はないし、そうする必要もないだろう、と。本当に客観的にそう考えていました。

第 4 章

「体幹×チューブ」トレーニング

チューブトレーニング編

いよいよ「チューブ」を使ったトレーニングです。「チューブ」を使うと、どうしても強く引っ張ることで負荷をかけようとしがちですが、その必要はありません。また第1章に書いたとおり、鍛えている箇所以外に力が入らないことも重要です。第一に、頭から足（股関節）までが一直線になるような「軸」を作って取り組むことを意識してほしいと思います。チューブを使うことによってあえて「不安定」を作り出していますから、「軸」ができた、いわば「良い姿勢」でトレーニングができるだけで全身に高い効果が望めます。

TIPS FOR TUBE TRAINING

ポイント

1 「頭ー足」の軸を作る

頭、股関節、足まで一本の軸を意識して取り組もう。

「チューブトレーニング」はバランスをあえて崩すトレーニングです。その時に一本の軸をしっかり意識することが重要。大人であれば「ボウリングの球」を、子どもであれば「スイカ」の重さのものが頭部にあるイメージを持ってください。

2 力を入れ過ぎないようにする

チューブを強く引っ張ろうとする必要はありません。なにより軸をぶらさないことが重要です。また、第2章のポイントでも書いたように、トレーニングをしている箇所以外に力が入り過ぎることがないように気をつけてください。

トレーニングで鍛えられる箇所以外に力が入ると筋肉が硬くなってしまう。

チューブトレーニング 4つの

3 ヒザとつま先の向きを揃える

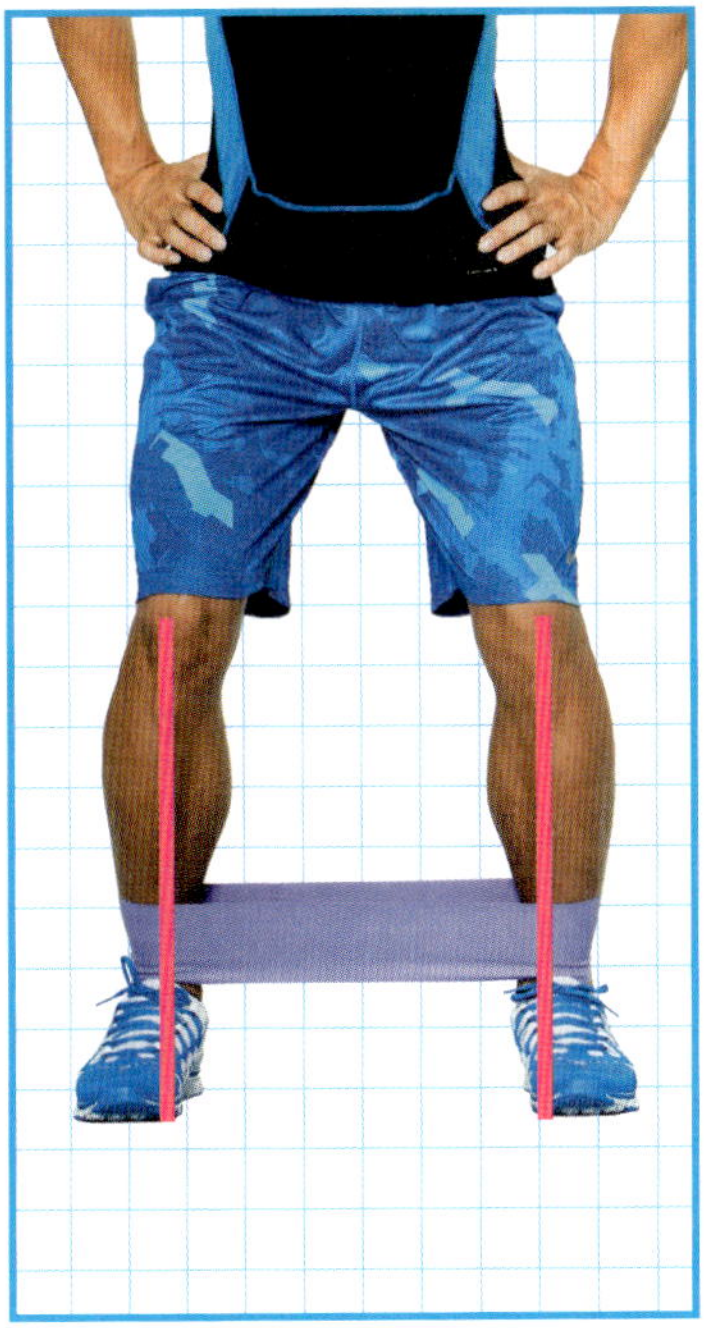

軸を意識することと同時に、ヒザとつま先の向きにも注意をしてほしいと思います。ヒザからつま先がひとつの棒になるようにするイメージです。ヒザやつま先が内側に入り過ぎたり、外側に逃げ過ぎたりしないようにしてください。

4 チューブの位置に注意する

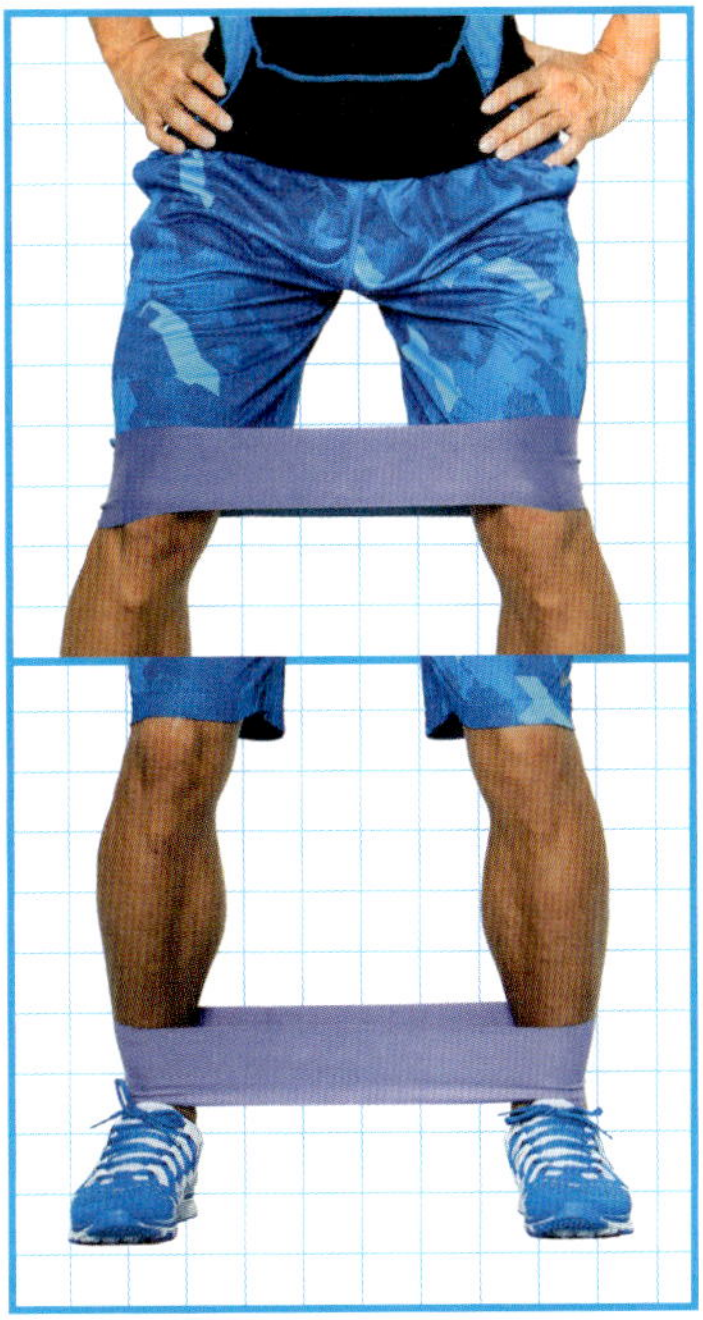

チューブをつける位置は、「ヒザ上」「くるぶしの上」を目安にしてください。特にヒザを覆ってしまうとケガにつながってしまいます。また、同じ動きでもヒザにつければ軽めに、足首につければきつめになります。レベルに応じてつける場所を変えてもOKです。

1 ▶チューブトレーニング

片脚バランスチューブ

意識する場所

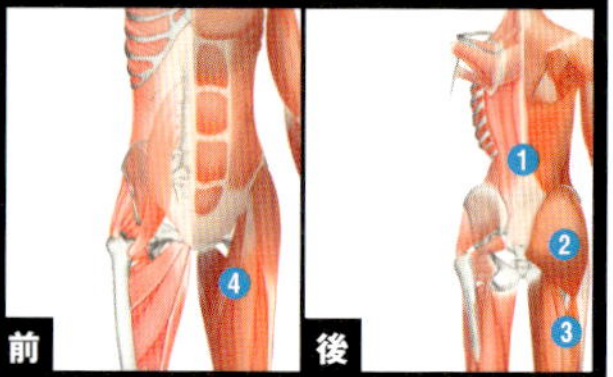

解説 ①脊柱起立筋②大臀筋③大腿二頭筋④大腿四頭筋を鍛える。頭からかかとまでを一直線に。

1 前後に脚を開き、後ろ脚を床から離す

両手を胸元でクロスさせ、脚から背中、頭へと一直線になるように前後に脚を開く。そこから一直線をキープしたまま片脚を床から離しキープ。前方のヒザがつま先より出ないように注意。バランスが取りにくい人は、両手を水平に開いてやるとよい。反対の脚も行う。

呼吸法

息を止めないように注意しながら自然呼吸。

初級	▶ 8 秒 × 1 セット
中級	▶ 10 秒 × 2 セット
上級	▶ 10 秒 × 3 セット

2 ▶チューブトレーニング

片脚サイドバランス（足首）

意識する場所

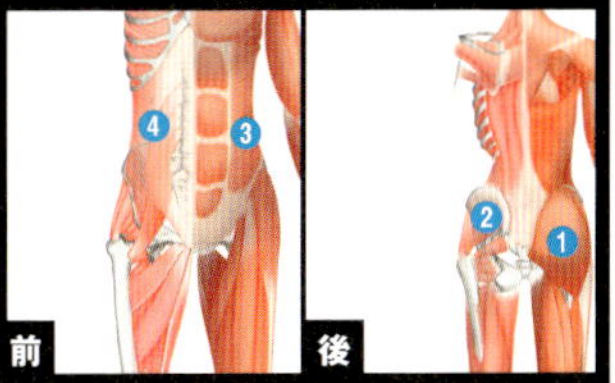

解説 ①大臀筋②中臀筋③腹斜筋④腹横筋を鍛える。動かす脚と姿勢キープに集中しよう。

1 両手を胸元でクロスし、片脚を離す

片脚を離しても、頭が前後左右にぶれないように、支える足から頭まで一直線になるようにする。

2 離した脚を真横に引っ張る

足から頭がぶれないよう、真横に引っ張りキープ。強く引っ張ることより軸がぶれないことを意識。反対の脚も行う。

呼吸法

息を止めないように注意しながら自然呼吸。

初級	▶ 5 秒 × 1 セット
中級	▶ 8 秒 × 2 セット
上級	▶ 10 秒 × 3 セット

3 ▶チューブトレーニング

片脚サイドバランス（太もも）

意識する場所

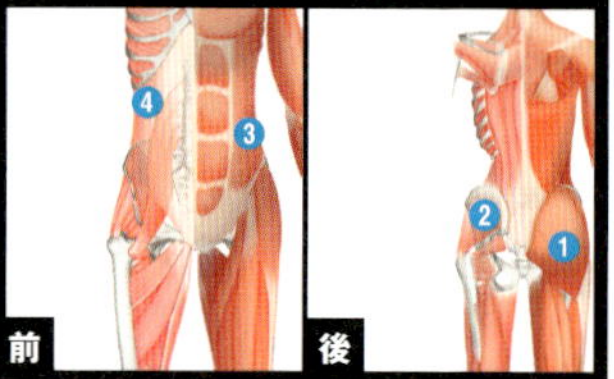

解説 ①大臀筋②中臀筋③腹斜筋④腹横筋を鍛える。ゆっくりと上下しよう。

1

正面を向いた状態で腰に手を当て、片脚を離す

片脚を離しても、頭が前後左右にぶれないように、支える足から頭まで一直線になるようにする。胸に手を当てるよりバランスが取りやすい。

2

離した脚を真横に引っ張る

真横に引っ張る、戻すを繰り返す。強く引っ張ることより軸がぶれないことを意識。反対の脚も行う。

呼吸法

息を止めないように注意しながら自然呼吸。

初級	▶10回×1セット
中級	▶10回×2セット
上級	▶10回×3セット

4 ▶チューブトレーニング

ニーインサイドアウト

意識する場所

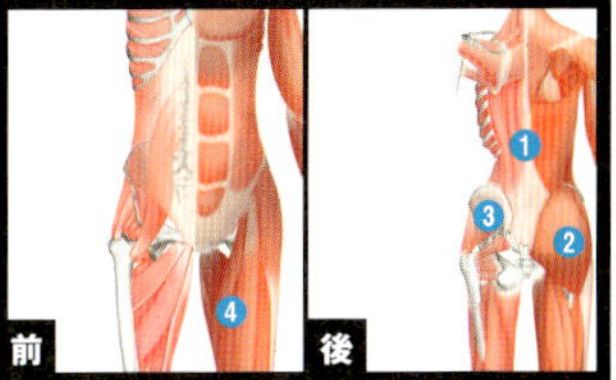

解説 ①脊柱起立筋②大臀筋③中臀筋④大腿四頭筋を鍛える。目線を真っすぐに、軸を意識しよう。

1 腰に手を当てかがんだ状態でヒザを内に入れる

ヒザがつま先より前に出ないように注意しながら腰をやや後ろに引き、腰に手を置く。チューブをつけたヒザを内側に入れて目線は真っすぐ前を向く。

2 内側に入れたヒザを外側へ引っ張る

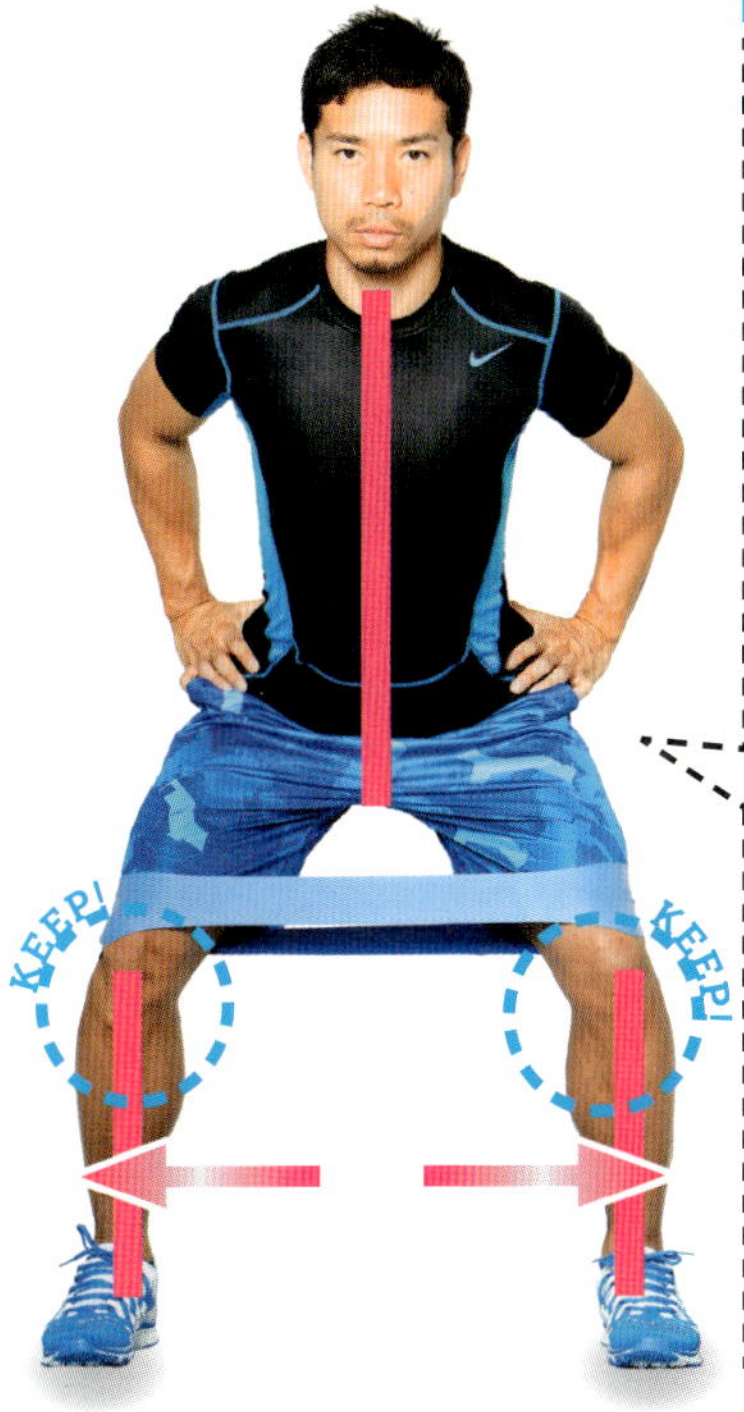

ヒザと足が真っすぐになるところまで引っ張りキープ。ヒザを足の外側に出すほどまで引っ張る必要はなく、真っすぐのところでしっかり止めること。

呼吸法

息を止めないように注意しながら自然呼吸。

初級	▶5 秒 × 1 セット
中級	▶8 秒 × 2 セット
上級	▶10 秒 × 3 セット

5 ▶チューブトレーニング

脚上げチューブバランス

意識する場所

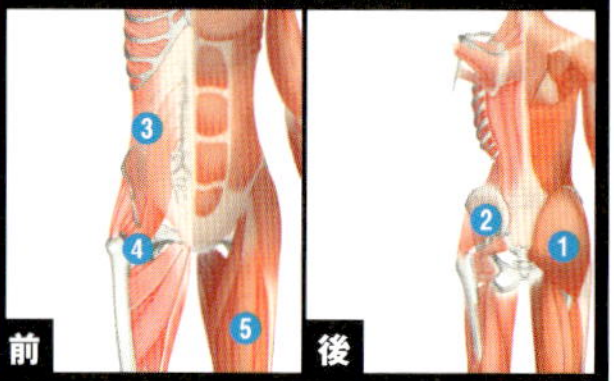

解説 ①大臀筋②中臀筋③腹横筋④腸腰筋⑤大腿四頭筋を鍛える。姿勢をキープし動かそう。

1

腰に手を当て、軸を意識して片脚で立つ

目線は真っすぐ前へ、軸を意識しながら片脚を床から離す。支えている片脚に重心を乗せて腰に手を置く。

2

離した脚を真っすぐ上に引き上げる

体の軸を意識しながら脚を真上に引き上げる、戻すを繰り返す。脚は上げすぎないよう高くてもおへその少し下あたりまでにする。反対の脚も行う。

呼吸法	
息を止めないように注意しながら自然呼吸。	

初級	▶5回×1セット
中級	▶10回×2セット
上級	▶10回×3セット

別アングル

1

横の姿勢にも注意。体の中心の軸だけでなく、横の軸も真っすぐに。お尻や肩、頭が前後することなく一直線になるようにする。

2

真っすぐ脚を上げる時も同じように軸を意識。難易度を上げたい人は胸元で手をクロスした状態でバランスを取りづらくして挑戦してみよう。

6 ▶チューブトレーニング

片脚サークルバランス（太もも）

意識する場所

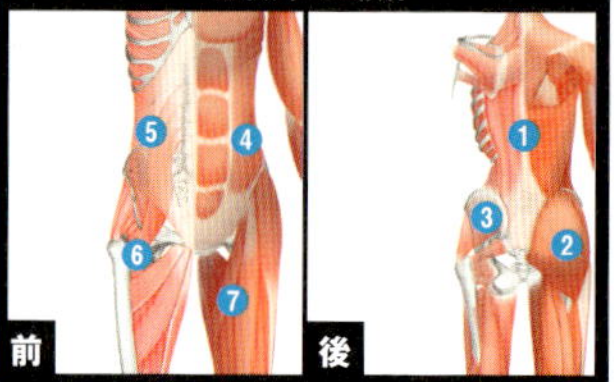

解説 ①脊柱起立筋②大臀筋③中臀筋④腹斜筋⑤腹横筋⑥腸腰筋⑦大腿四頭筋が鍛えられる。

1

頭から足までの軸を意識しながら片脚を離す

腰に手を当て、片脚を離す。この時から頭から足までの軸をしっかり意識できるかどうかが重要。

2

股関節を支点に脚を内旋していく

脚の付け根から片脚をゆっくり回す。体は動かさず脚だけを動かす。写真は脚が後方に向かっている。ここから前方へ（3）。

呼吸法

息を止めないように注意しながら自然呼吸。回転させている時に息を止めがちなので注意。

初級	▶ 5回×1セット
中級	▶ 10回×2セット
上級	▶ 10回×3セット

3

脚を後ろから前へもってくる

支えている足から頭までの軸がぶれないように、回している脚を前方へ。目線が上下しないように注意しよう。

4

内旋が終わったら外旋をする

流れるように回転をさせていき、回数をクリアしたら外旋。大きく回すことより軸を意識。反対の脚も行う。

7 ▶チューブトレーニング

レッグスイング

意識する場所

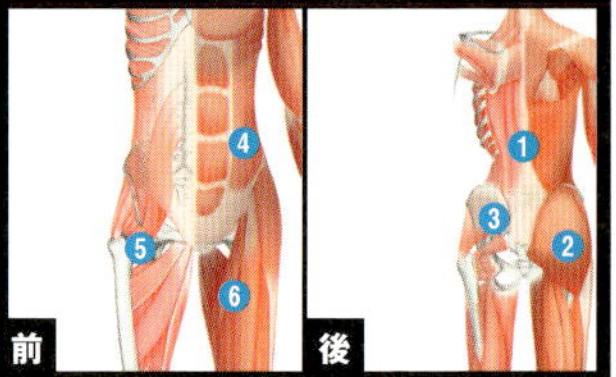

解説 ①脊柱起立筋②大臀筋③中臀筋④腹斜筋⑤腸腰筋⑥大腿四頭筋を鍛える。

1 軸を意識し片脚を前へ

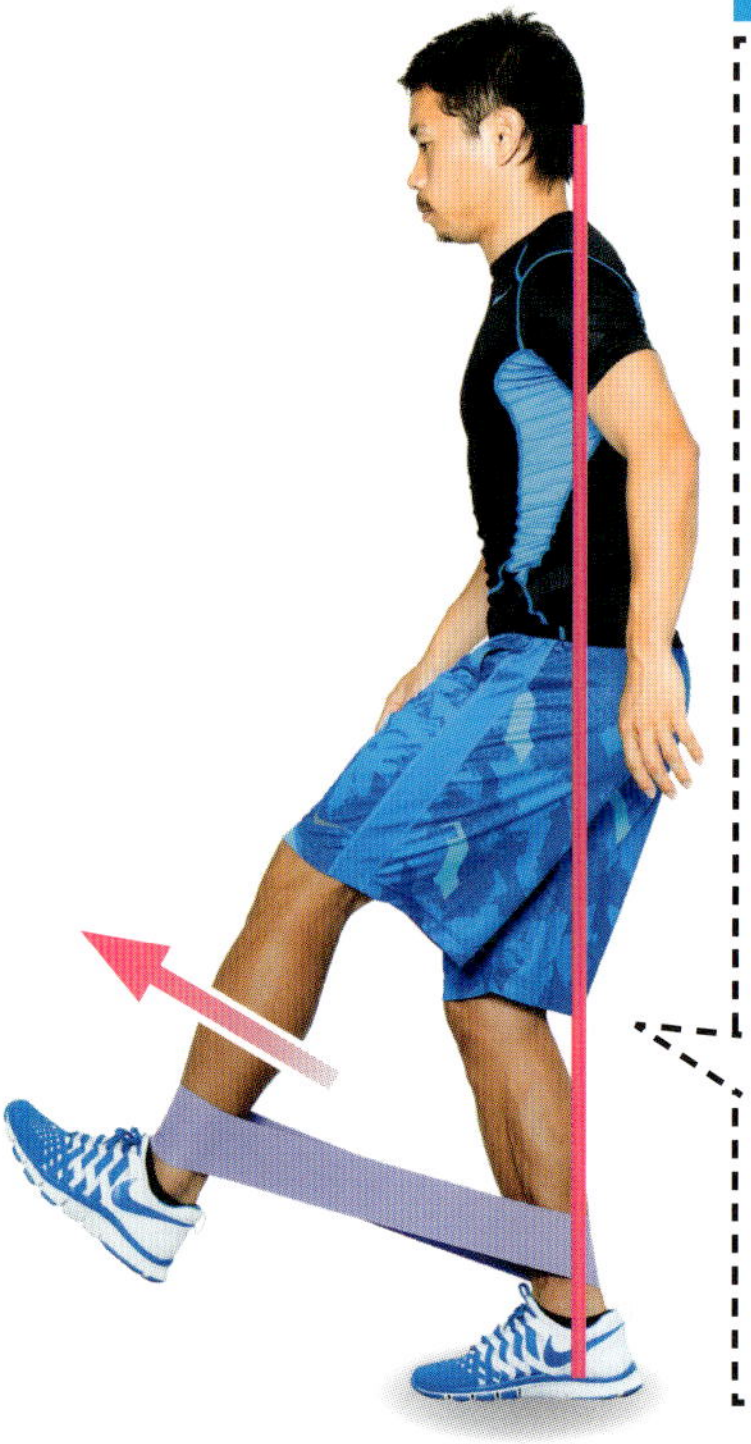

体がなるべく前後しないように、意識して片脚を前へ。脚の付け根から脚だけが動くイメージで。

2 そのまま後ろへスイングする

脚の付け根から動かすイメージのまま片脚をそのまま後ろへ。この前後を繰り返す。反対の脚も行う。

呼吸法

息を止めないように注意しながら自然呼吸。

初級	▶ 6 回 × 1 セット
中級	▶ 10 回 × 1 セット
上級	▶ 20 回 × 1 セット

8 ▶チューブトレーニング 軸脚ステップ

意識する場所

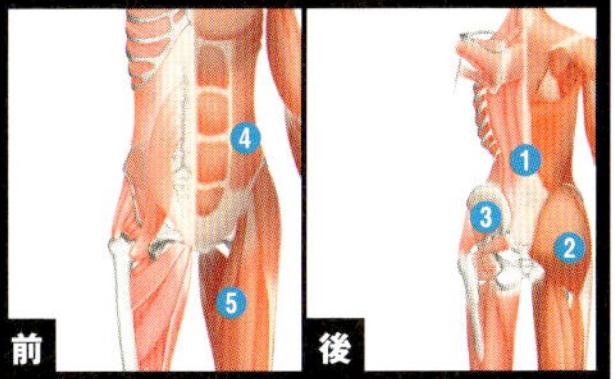

解説 ①脊柱起立筋②大臀筋③中臀筋④腹斜筋⑤大腿四頭筋を鍛える。リズムよく交互に動かす。

1 頭からの軸を意識し、片脚を上げる

腰に手を置き片脚を真横に上げる。頭から足にかけての軸がぶれないように、目線を固定すること。

2 上げた脚を戻し反対の脚を上げる

上げた脚を床に戻し軸脚に変えると同時に反対の脚を真横に上げる。ステップを踏むようにリズムよく繰り返す。

呼吸法

息を止めないように注意しながら自然呼吸。

初級	▶10回×1セット
中級	▶10回×2セット
上級	▶20回×2セット

9 ▶チューブトレーニング

スライドバランスチューブ

意識する場所

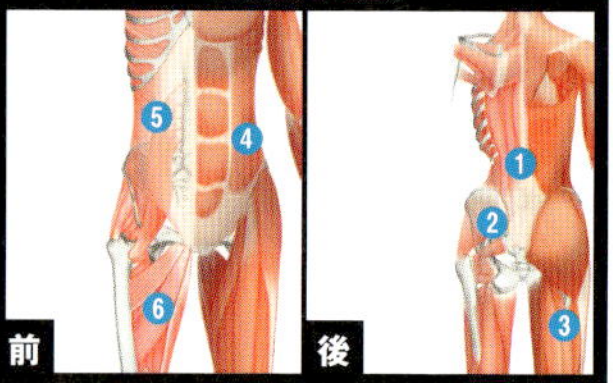

解説 ①脊柱起立筋②中臀筋③大腿二頭筋④腹斜筋⑤腹横筋⑥内転筋を鍛える。タメがポイント。

1

両脚を開いた状態から片脚を斜めにスライド

脚を腰幅に開く。片脚に重心を置き、反対の脚を2秒かけ斜め前にスライド（タメ）。スライドした脚を軸に反対の脚を2秒かけスライド。

2

スライドしながら前進する

なるべく頭からの軸がぶれないように意識する。左右斜めに動くので前進するイメージ。4歩進んでスタートの姿勢に（写真右）。

呼吸法		
息を止めないように注意しながら自然呼吸。	初級	▶10回×1セット
	中級	▶10回×2セット
	上級	▶10回×3セット

3 スライドしながら後ろへ下がる

スタートの姿勢から今度は後ろへ下がっていく。1、2と同じようにタメを作り斜めにスライド。

4 スタートポジションへ戻る

頭から股関節までの軸がぶれないよう、前進したところをなぞるようにスタートポジションへ。これで1回。

10 ▶チューブトレーニング

チューブジャンプ

意識する場所

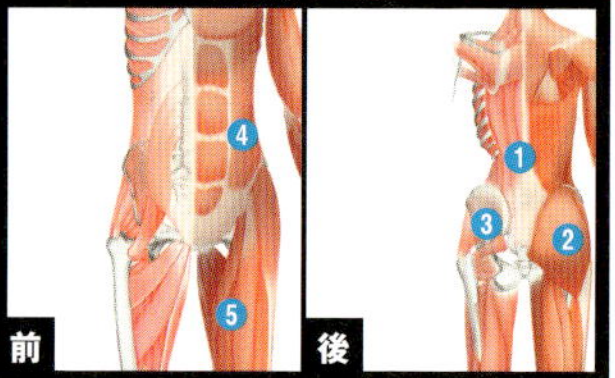

解説 ①脊柱起立筋②大臀筋③中臀筋④腹斜筋⑤大腿四頭筋を鍛える。ふくらはぎ強化にも。

1

腰に手を当て両脚を広げる

スタートポジションは、両脚を腰幅よりやや広めにし、両手を腰に置く。頭から股関節までの軸を意識する。

2

両脚を開くイメージでジャンプ

真上へ両脚を開くようにして思い切りジャンプする。軸に沿って上がるイメージで上半身がぶれないようにする。

呼吸法

息を止めないように注意しながら自然呼吸。

初級	▶ 5 回 × 1 セット
中級	▶ 8 回 × 1 セット
上級	▶ 10 回 × 2 セット

11 ▶チューブトレーニング

サイドブリッジチューブ

意識する場所

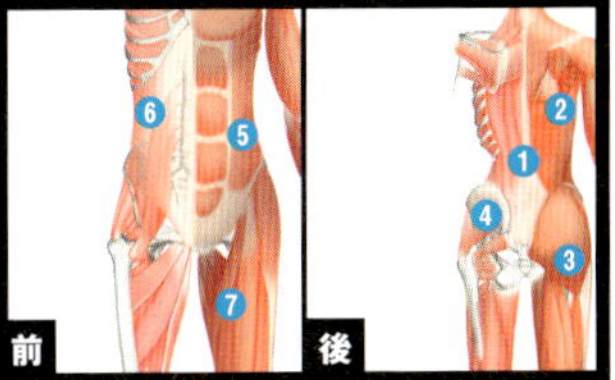

解説 ①脊柱起立筋②広背筋③大臀筋④中臀筋⑤腹斜筋⑥腹横筋⑦大腿四頭筋を鍛える。

1 横向きでヒジを床につけお腹を持ち上げる

ヒジは肩の真下、反対側の手は腰に。お尻から腰にかけて下がらないように一直線に。

2 上の脚でチューブを引っ張る

1を維持し、上の脚でチューブを上方に引っ張りそのままキープ。反対の脚も行う。

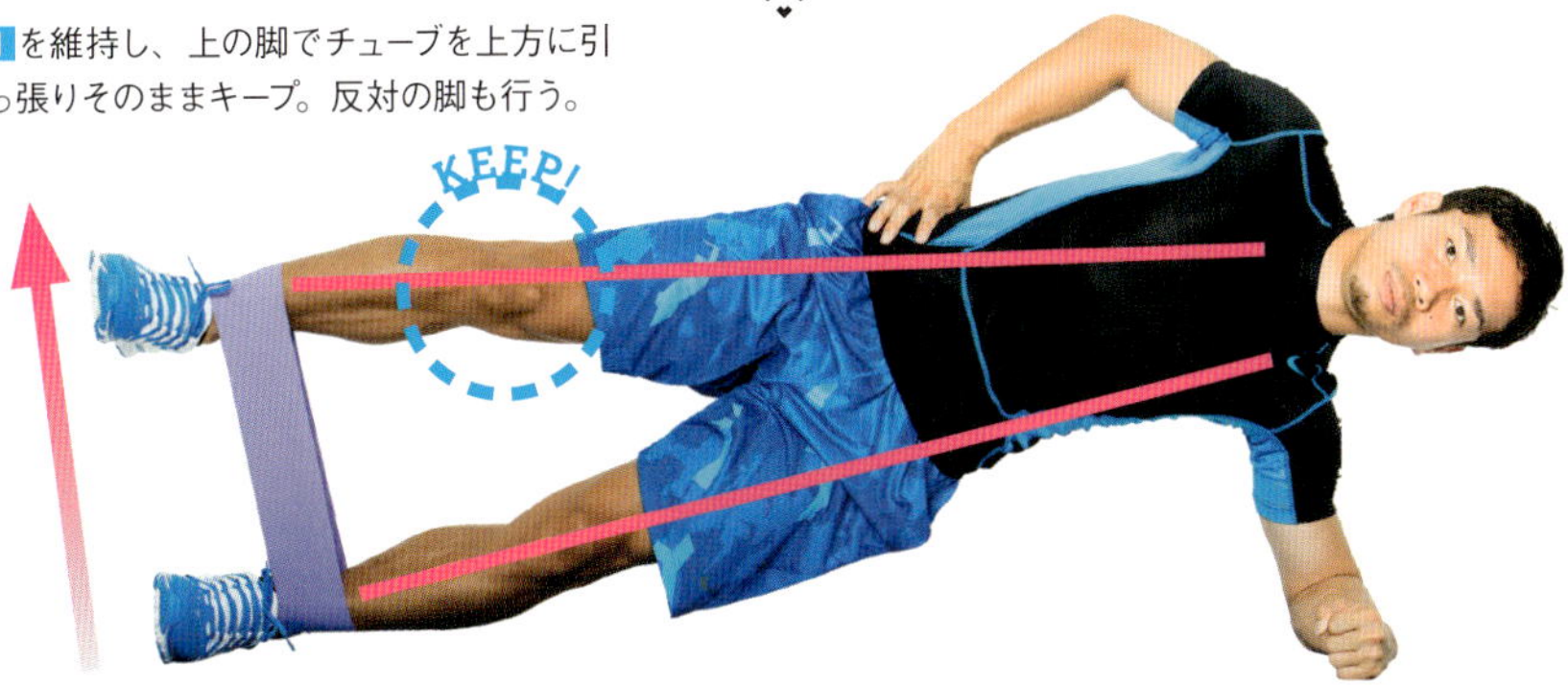

呼吸法
息を止めないように注意しながら自然呼吸。

初級	▶3秒×2セット
中級	▶3秒×5セット
上級	▶5秒×3セット

12 ▶チューブトレーニング

腕つきサイドブリッジチューブ

意識する場所

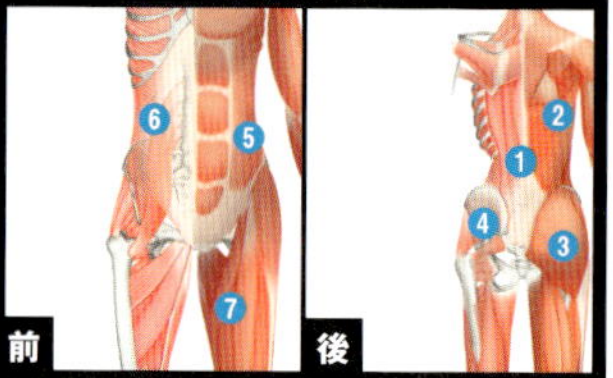

解説 ①脊柱起立筋②広背筋③大臀筋④中臀筋⑤腹斜筋⑥腹横筋⑦大腿四頭筋を鍛える。

1 横向きでヒジを床につけお腹を持ち上げる

ヒジは肩の真下、反対側の手は腰に。お尻から腰までが下がらないよう一直線に。

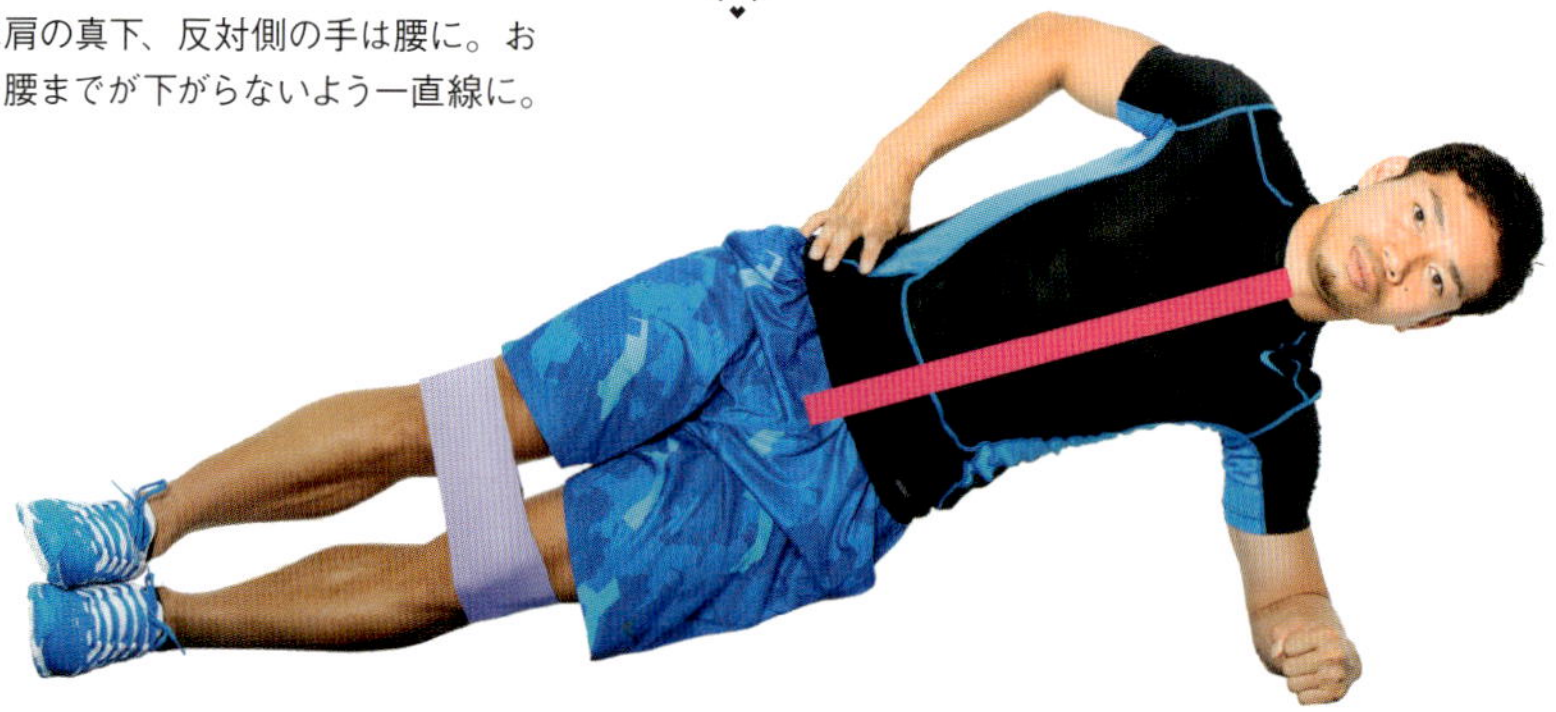

2 上の脚でチューブを引っ張り腕を伸ばす

1を維持し上の脚でチューブを上方に引っ張り骨盤の幅に。同時に真っすぐ腕を前方に伸ばしキープ。反対の脚も行う。

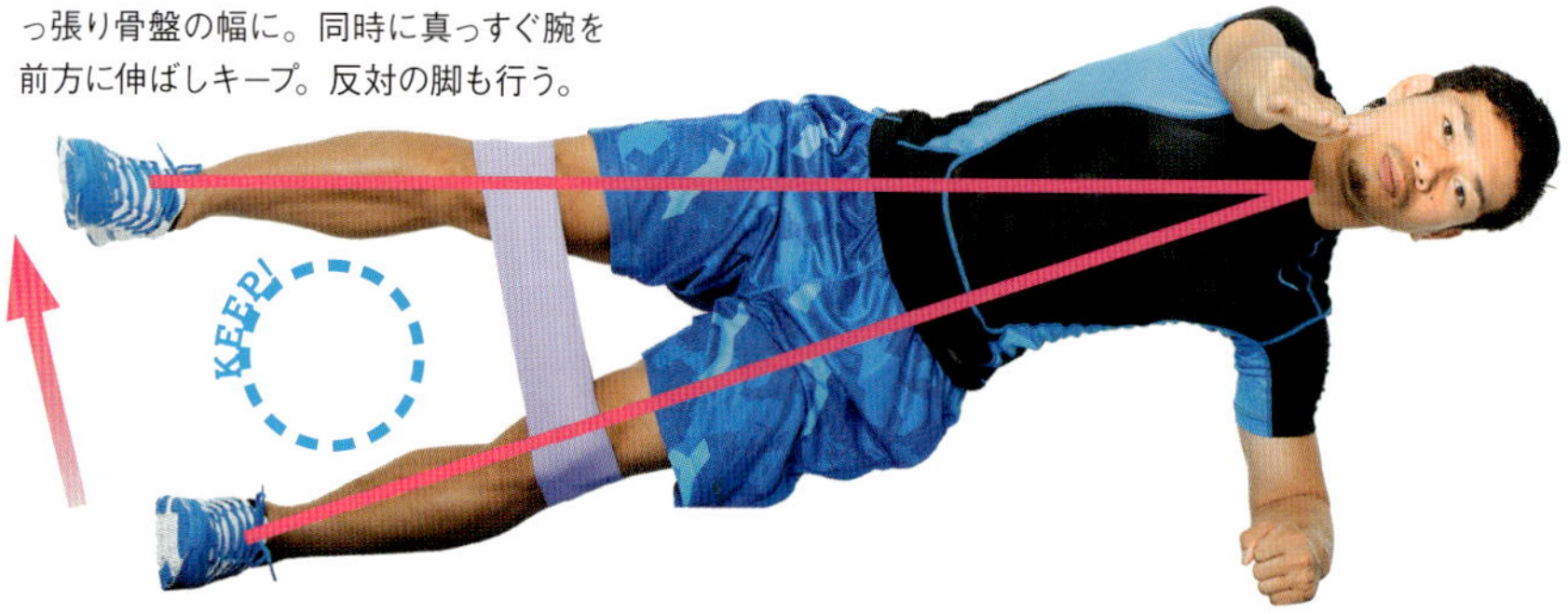

呼吸法

息を止めないように注意しながら自然呼吸。

初級	▶3秒×1セット
中級	▶3秒×5セット
上級	▶5秒×3セット

13 ▶チューブトレーニング

チューブVクランチ

意識する場所

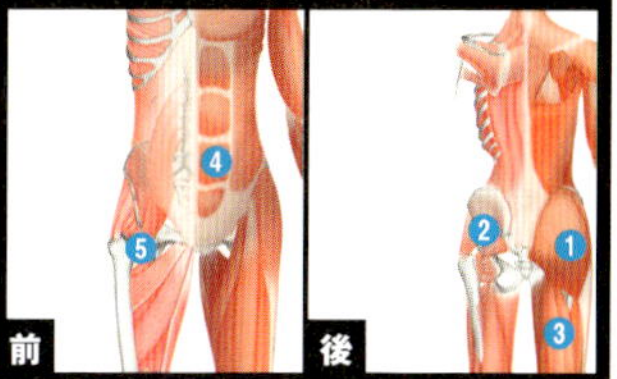

解説 ①大臀筋②中臀筋③大腿二頭筋④腹直筋⑤腸腰筋を鍛える。特にお腹周りの意識を持とう。

1 両ヒザを立て、首を持ち上げる

寝転がった状態から両ヒザを90度になるように立て、頭を上げる。お腹に意識を集中させ、息を大きく吸う。

2 立てた両ヒザを開きながら真っすぐ伸ばす

息を吐きながらすばやく両ヒザを伸ばし脚を開く。そのまま5秒キープする。ゆっくり戻してまた開く、を繰り返す。

別アングル

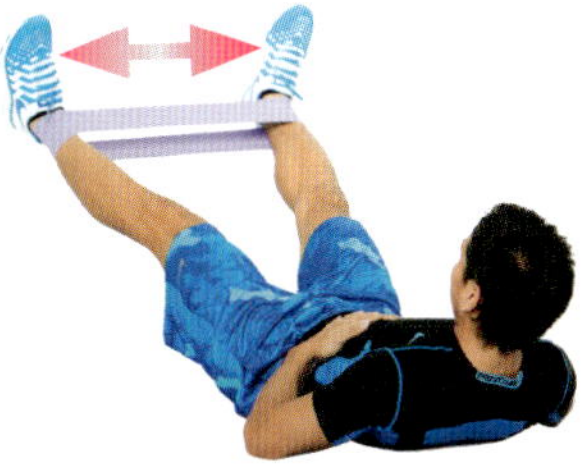

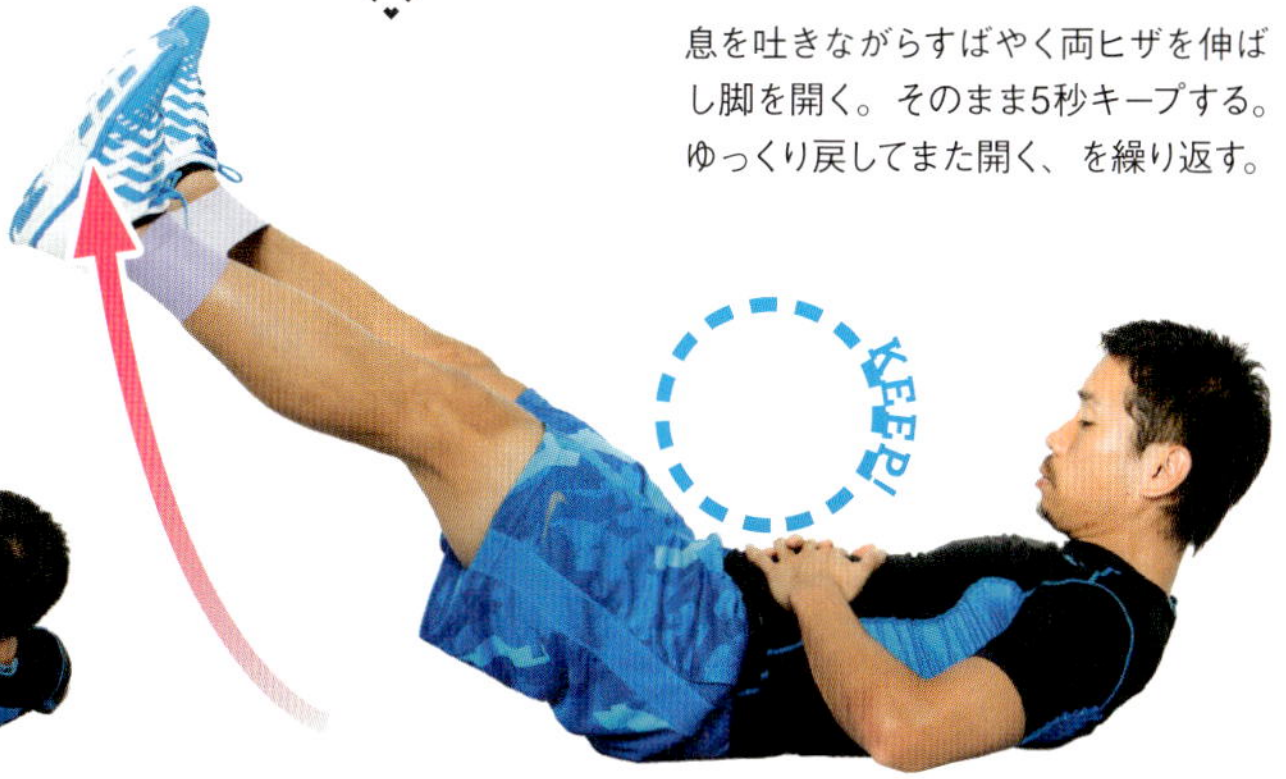

呼吸法

最初にしっかり吸い込んで、脚を伸ばしキープまで吐き続ける。

初級	▶ 5回×1セット
中級	▶ 10回×2セット
上級	▶ 10回×3セット

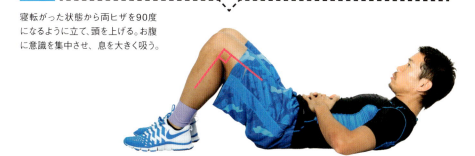

14 ▶チューブトレーニング

バックニーアップ

意識する場所

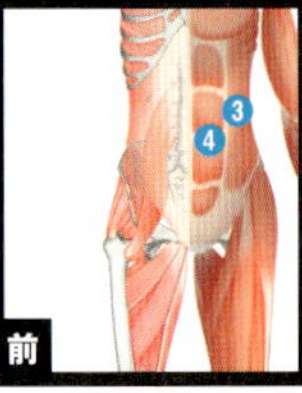

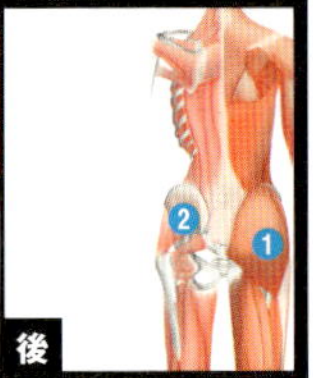

解説 ①大臀筋②中臀筋③腹斜筋④腹直筋を鍛える。腰周りのアウターマッスル強化でパワーがつく。

1 四つん這いの姿勢になる

つま先を床につき、手は肩の真下、ヒザは腰の真下になるように四つん這いになる。

2 片脚を真横に上げる

上半身と腰を固定したイメージで、脚の付け根から動かすように片脚を真横に上げていきキープする。反対の脚も行う。

別アングル

呼吸法		
息を止めないように注意しながら自然呼吸。	初級	▶3秒×1セット
	中級	▶3秒×3セット
	上級	▶5秒×3セット

15 ▶チューブトレーニング

サイドクランチチューブ

意識する場所

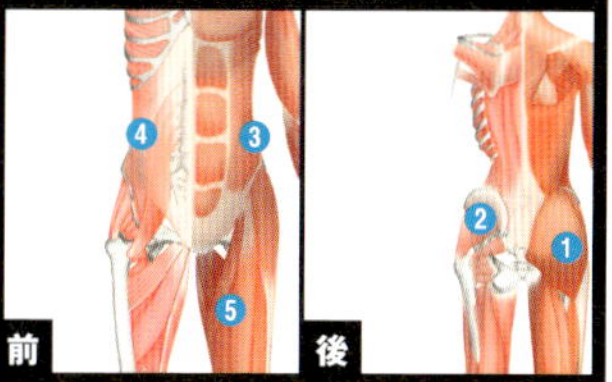

解説 ①大臀筋②中臀筋③腹斜筋④腹横筋⑤大腿四頭筋を鍛える。腹斜筋とお尻を強く意識しよう。

1 横に寝そべり両脚を開く

上側の手は耳の後ろに、下側の手は床にしっかりとつけ横向きに寝転がる。両脚を開く。

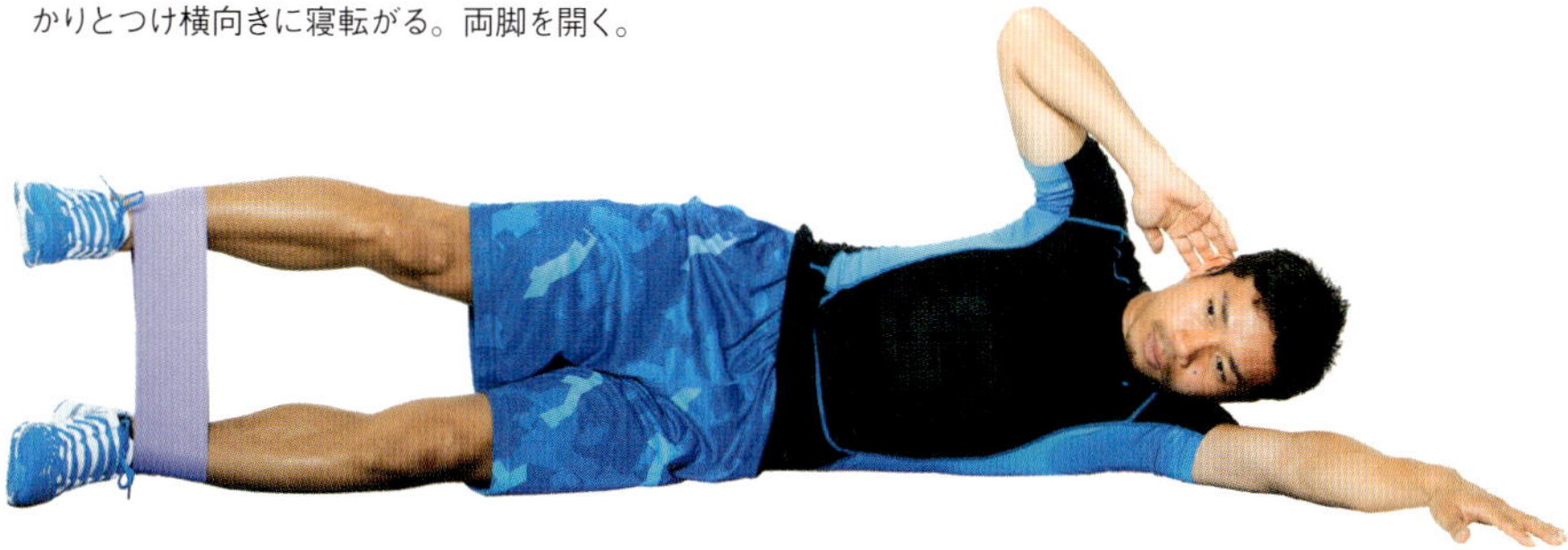

2 チューブを引っ張ると同時に上半身を持ち上げる

側筋を縮める意識で、上側の脚を持ち上げると同時に上半身を持ち上げキープ。反対の脚も行う。

呼吸法

1の状態で息をしっかりと吸い、2の状態からキープまでゆっくりと吐く。

初級	▶3秒×1セット
中級	▶3秒×3セット
上級	▶5秒×3セット

16 ▶チューブトレーニング

フロントブリッジ チューブ

意識する場所

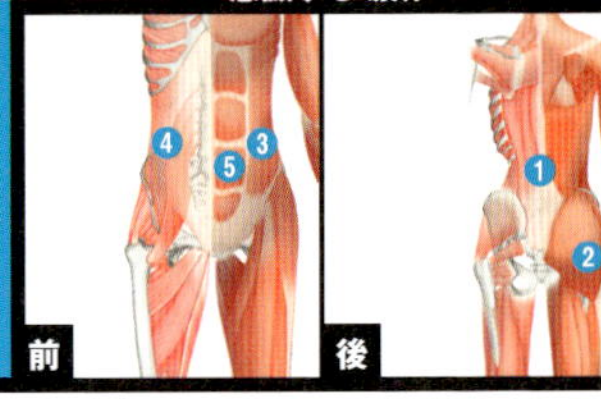

解説 ①脊柱起立筋②大臀筋③腹斜筋④腹横筋⑤腹直筋を鍛える。体幹部分を強化。

1 脚を肩幅に合わせヒジをつく

うつ伏せの姿勢から腰を落としてヒジを立てる。肩の真下にヒジがくるように。

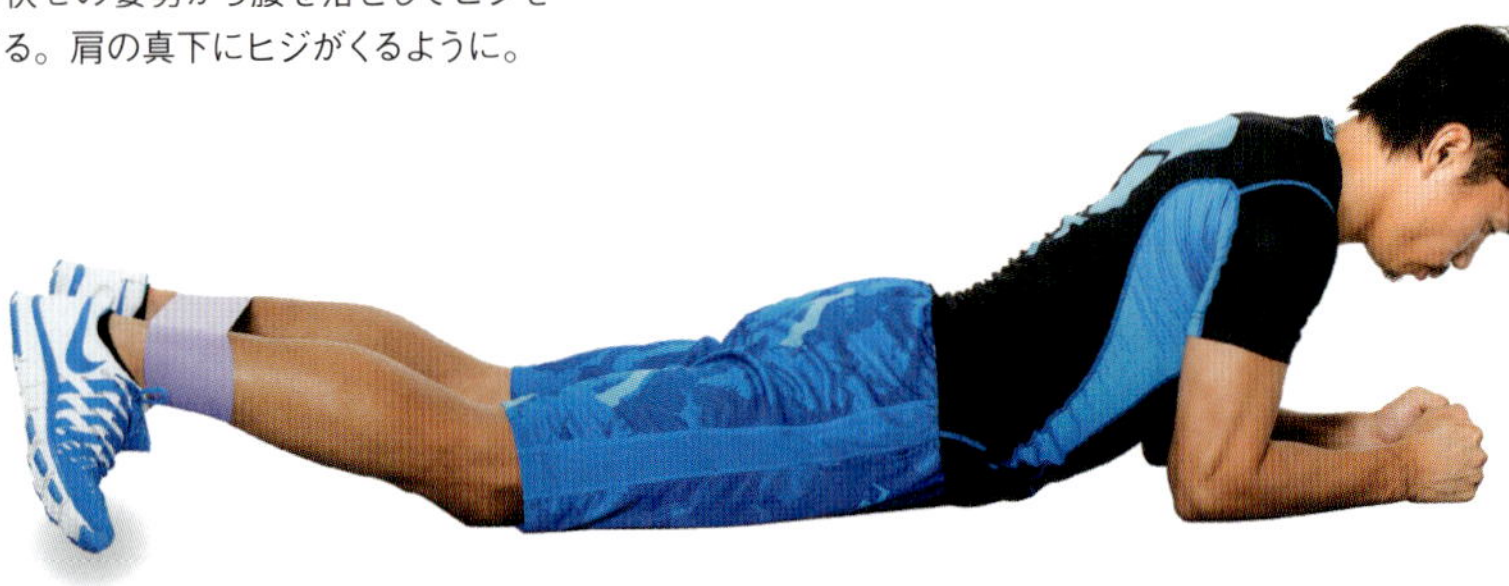

2 腰を持ち上げて水平にキープする

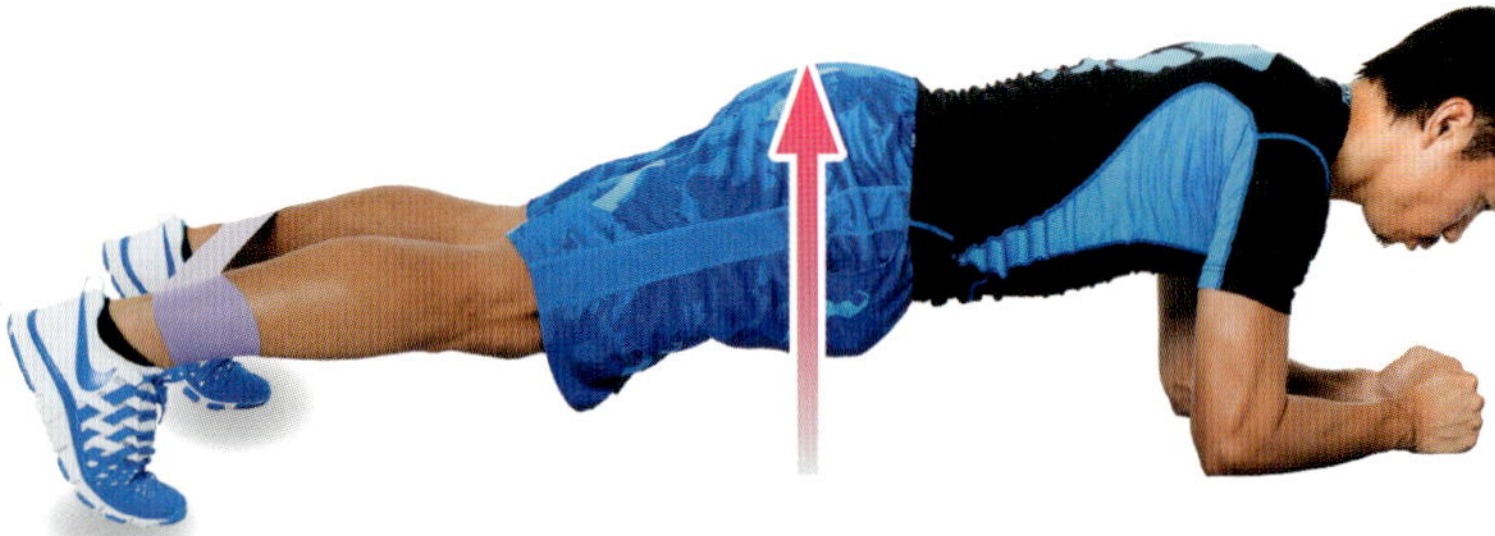

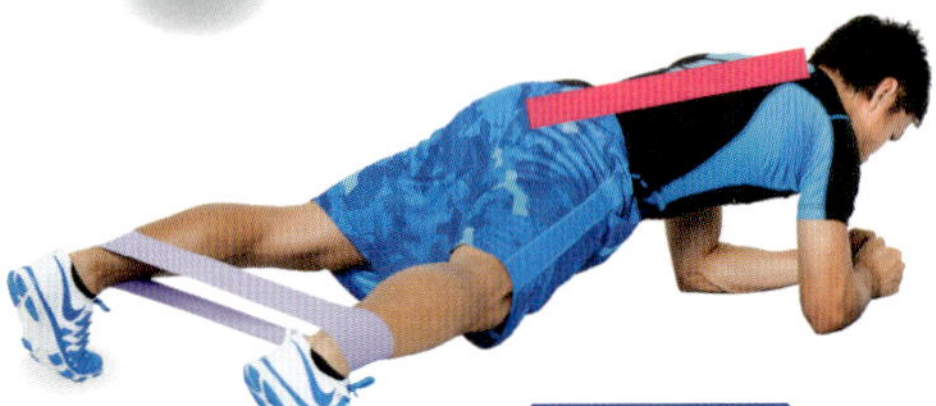

別アングル

お腹を縮めるイメージを持って腰を持ち上げる。背中、腰、お尻までを真っすぐに。腰や手に意識がいくと腰痛の原因になるのでお腹への意識を持つこと。

呼吸法		
息を止めないように注意しながら自然呼吸。	初級	▶ 8 回 × 1 セット
	中級	▶ 10 回 × 2 セット
	上級	▶ 10 回 × 3 セット

3 水平を意識したまま片脚を持ち上げる

上半身が動かないよう、脚の付け根から動かすイメージを持って片脚をゆっくりと持ち上げる。

4 片脚を下ろし、反対の脚を持ち上げる

持ち上げた片脚を下ろしたら、反対の脚をゆっくりと持ち上げる。これを繰り返す。

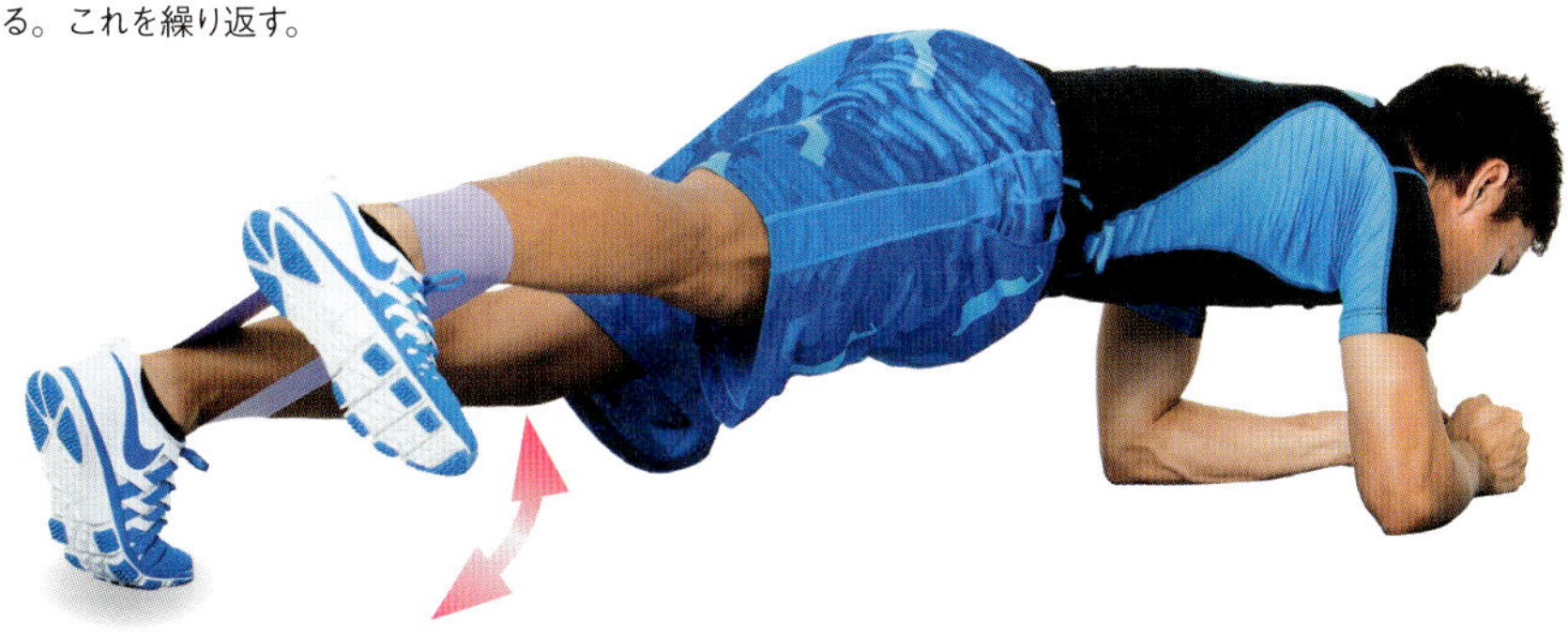

17 ▶チューブトレーニング

片脚バランスジャンプチューブ

意識する場所

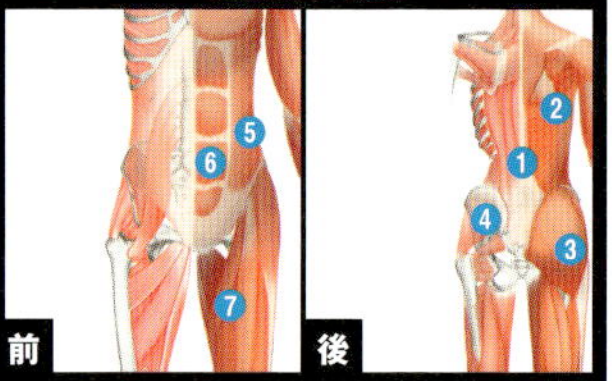

解説 ①脊柱起立筋②広背筋③大臀筋④中臀筋⑤腹斜筋⑥腹直筋⑦大腿四頭筋を鍛える。

1

ヒザを少し曲げて片脚で立ち手を真横に伸ばす

ヒザを少し曲げた状態から頭、背中、かかとが一直線になるように片脚を床から離し、手を真横に広げる。

別アングル

伸ばした両手が真っすぐ水平に、頭から脚まで一本の軸になるようにする。

呼吸法

息を止めないように注意しながら自然呼吸。

初級	▶ 3 回 × 2 セット
中級	▶ 5 回 × 2 セット
上級	▶ 10 回 × 2 セット

2

曲げたヒザを伸ばしてジャンプする

別アングル

上体を動かさないようにして真っすぐ上にジャンプする。

3

手を水平に保った状態で着地する

別アングル

目線を一定にして体の軸を意識。着地してまたジャンプを繰り返す。反対の脚も行う。

18 ▶チューブトレーニング

サイドジャンプチューブ

意識する場所

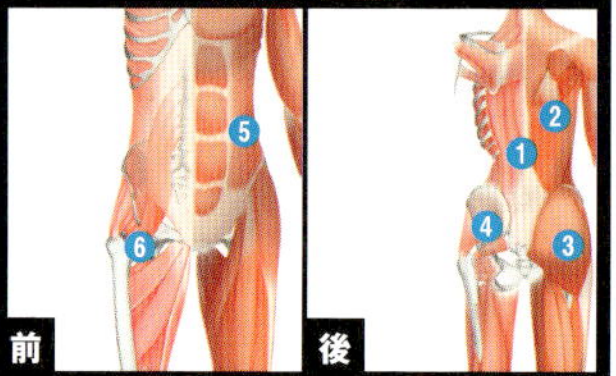

解説 ①脊柱起立筋②広背筋③大臀筋④中臀筋⑤腹斜筋⑥腸腰筋を鍛える。タメをしっかり作ろう。

2 着地したらタメを作りジャンプして戻る

片脚で着地したらしっかりと踏ん張ってタメを作る。タメを作った脚を軸に変え、真横にチューブを引っ張りながら元の方向へジャンプして戻る。これで1回。

1 両脚を腰幅よりやや広めに開き真横にジャンプ

腰に手を当て、両脚を腰幅よりやや広めに開いた状態に。片脚を軸にチューブを引っ張りながら真横にジャンプする。頭からの軸を意識する。

呼吸法

息を止めないように注意しながら自然呼吸。

初級	▶ 6 回 × 1 セット
中級	▶ 6 回 × 2 セット
上級	▶ 10 回 × 2 セット

第5章

「体幹×チューブ」トレーニング

体幹トレーニング編

ここでは、チューブトレーニングと相性がよい体幹トレーニングを紹介していきます。チューブトレーニングと組み合わせることで、より短い時間で「目標」に近づけるようになっています。ここでは前著『長友佑都　体幹トレーニング20』に収録していたトレーニングに加えて、新たな体幹トレーニングも収録しました。いずれもチューブトレーニングと組み合わせて行うことで効率的で効果的なトレーニングをすることができます。

1 ▶体幹トレーニング

スタンディング クロスクランチ

意識する場所

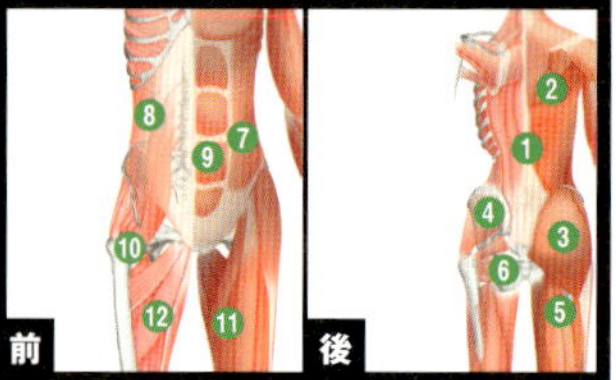

解説 ①～⑫のインナー、アウターマッスルのすべてとバランス感覚を鍛えることができる。

1

片脚を上げ同じ方向の手を真横へ

頭から足までの軸を意識し真っすぐ立つ。片脚をへその高さまで上げ、同じ方向の手を真横、もう片方の手は耳に。

2

クロスするヒジとヒザを合わせる

軸がぶれないように意識し、持ち上げたヒザと反対のヒジをクロスするように合わせキープ。反対の脚も行う。

呼吸法

1でしっかりと息を吸い、2からキープまでゆっくりと吐く。

初級	▶5秒×1セット
中級	▶5秒×2セット
上級	▶8秒×2セット

2 ▶体幹トレーニング

水平スクワット

意識する場所

解説 ①脊柱起立筋②広背筋③大臀筋④大腿二頭筋⑤大腿四頭筋を鍛える。大きな筋肉に刺激を。

1

体全体を伸び上がらせ、かかとを離す

床からかかとを離し真っすぐ上に向かって体全体を伸ばす。指先から足までが一本の線になるようにする。

2

腰をやや落とし両腕を真っすぐ前に伸ばす

かかとを戻し、ヒザがつま先から出ない程度に腰を落とすと同時に、上げた手を床と水平になるように真っすぐ伸ばす。頭から足までの軸を意識する。

呼吸法
息を止めないように注意しながら自然呼吸。

初級	▶ 5 回 × 1 セット
中級	▶ 5 回 × 3 セット
上級	▶ 10 回 × 2 セット

3 ▶体幹トレーニング

片脚バランス

意識する場所

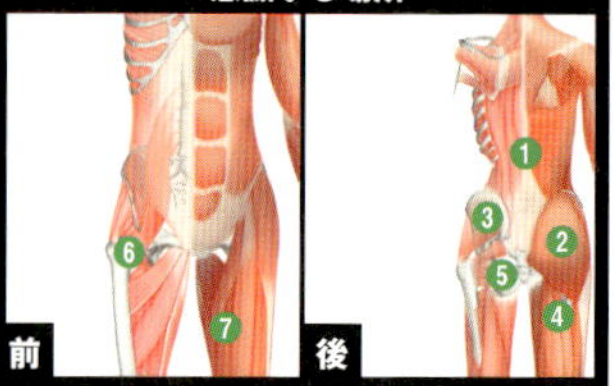

解説 ①脊柱起立筋②大臀筋③中臀筋④大腿二頭筋⑤骨盤⑥腸腰筋⑦大腿四頭筋を鍛える。

1 両手を胸元で組み、片脚で立つ

別アングル

胸元で両手をクロスし、頭から足までの軸を意識しながら真っすぐに立つ。そこから片脚をへその高さまで3秒かけて上げる。

2 ゆっくりと前傾し脚を後方に伸ばす

引き上げた脚を後方に3秒かけて伸ばしていき、頭、お尻、かかとが一直線になるようにする。反対の脚も行う。

別アングル

呼吸法

息を止めないように注意しながら自然呼吸。

初級	▶ 6 回 × 1 セット
中級	▶ 10 回 × 1 セット
上級	▶ 10 回 × 3 セット

4 ▶体幹トレーニング

T字片脚バランス

意識する場所

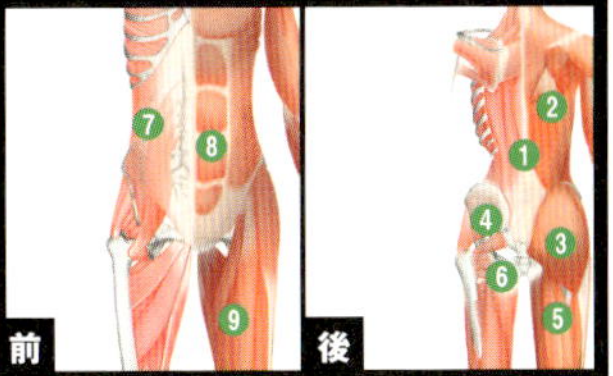

解説 ①脊柱起立筋②広背筋③大臀筋④中臀筋⑤大腿二頭筋⑥骨盤⑦腹横筋⑧腹直筋⑨大腿四頭筋を鍛える。

1

片脚の状態からゆっくり前傾し、脚を後方に伸ばす

P88の2の状態からさらに前傾していき、できる限り床と体が平行になるようにする。そのまま両手を真横に開きキープ。反対の脚も行う。

呼吸法

息を止めないように注意しながら自然呼吸。

初級	▶ 6 秒 × 1 セット
中級	▶ 6 秒 × 2 セット
上級	▶ 10 秒 × 2 セット

➔『長友佑都 体幹トレーニング20』P.044

水平クランチ

意識する場所

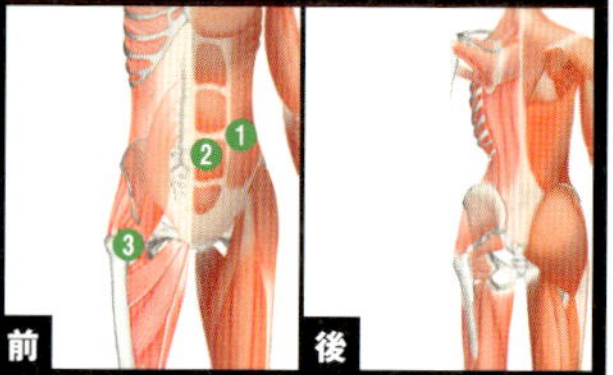

解説 ①腹斜筋②腹直筋③腸腰筋を鍛える。しっかり息を吐ききることでお腹周りが強化される。

1 仰向けの状態でヒザを立てる

手のひらを下にして、両手をつく。2への動き出しは手と脚同時にする。

2 脚を上げながら両手を水平に

3秒かけて、脚を90度、肩、頭を上げて両手をおへその高さで水平にする。そのまま3秒キープしたらゆっくり戻す。これを繰り返す。

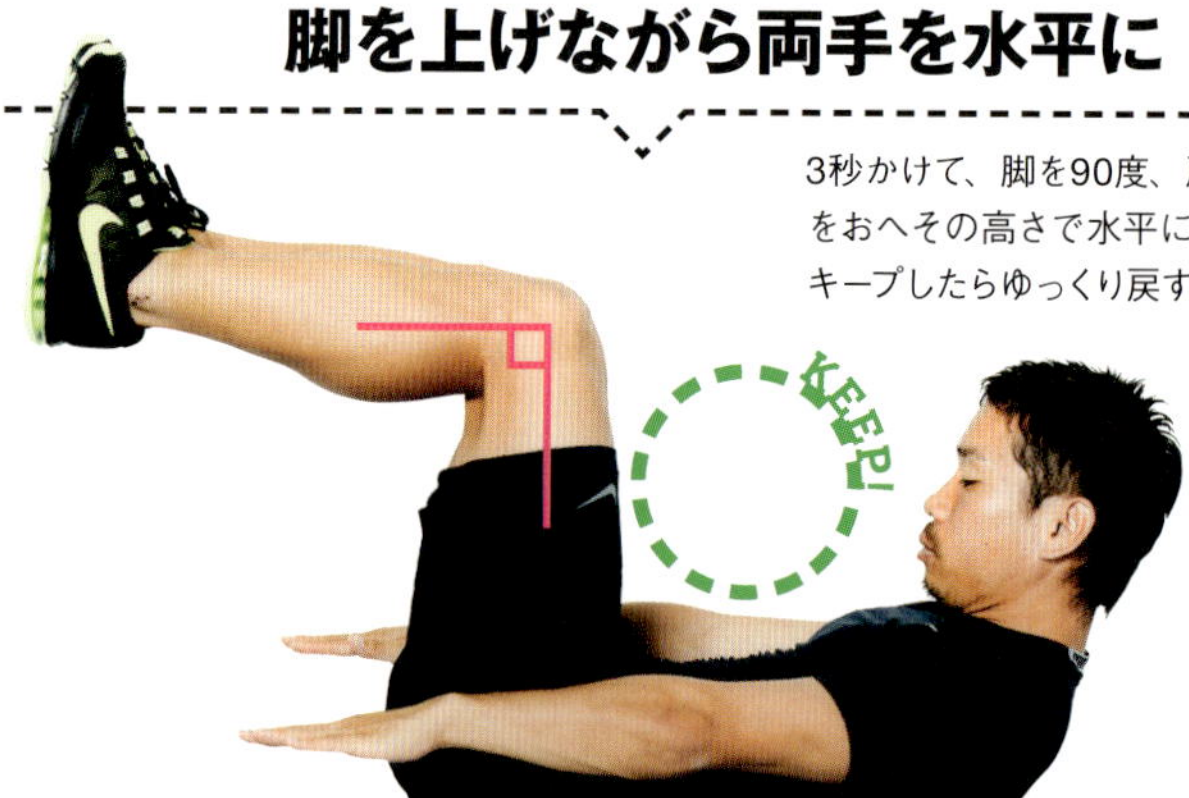

呼吸法

動き出しからキープまで息を吐く。自然呼吸で戻す。

初級	▶ 5 回 × 1 セット
中級	▶ 10 回 × 1 セット
上級	▶ 20 回 × 1 セット

6 ▶体幹トレーニング

『長友佑都 体幹トレーニング20』P.045

ダブルニートゥーチェスト

意識する場所

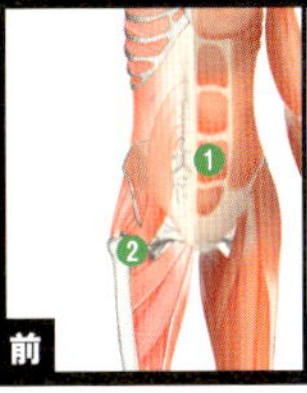

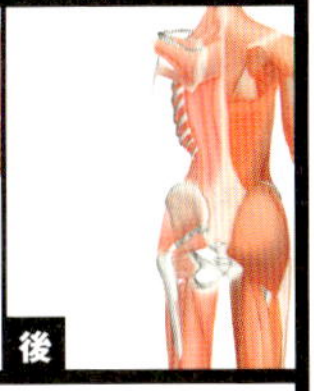

解説 ①腹直筋②腸腰筋を鍛える。しっかり息を吐ききることでお腹周りを強化される。

1 両ヒジを地面につき、ヒザを立てる

スタートポジションはリラックスを心掛ける。

2 お腹を縮めながらヒザを引きつける

お腹の筋肉、特に内側を固めるイメージで力を入れる。そこから脚を引き上げ、息を吐ききるまで引きつけたら下ろす。これを繰り返す。

呼吸法

息を吐ききるまで引きつける。自然呼吸で戻す。

初級	▶ 5回×1セット
中級	▶ 10回×1セット
上級	▶ 20回×1セット

7 ▶体幹トレーニング ➔『長友佑都 体幹トレーニング20』P.048

片脚サイドブリッジ

意識する場所

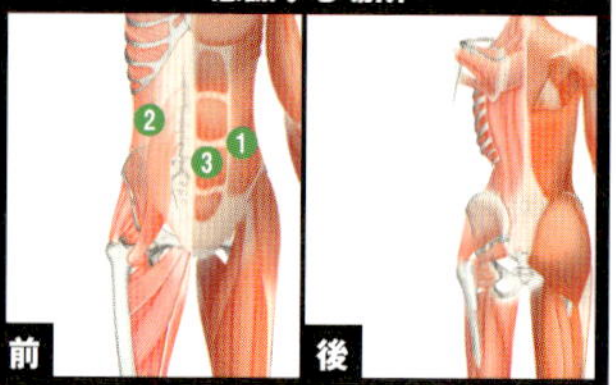

解説 ①腹斜筋②腹横筋③腹直筋を鍛える。お腹の側面から前面まで効果的に鍛える。

1 横向きの姿勢でヒザを曲げ片ヒジをつく

両ヒザを曲げた状態で横向きになり、上半身を持ち上げるように片ヒジをつく。

2 骨盤を動かさないように片脚を真っすぐ伸ばす

骨盤を持ち上げるようにしてお腹を上げ、同時に脚を真っすぐ伸ばして5秒キープする。反対の脚も行う。

呼吸法

息を止めないように注意しながら自然呼吸。

初級	▶ 5 回 × 1 セット
中級	▶ 10 回 × 1 セット
上級	▶ 15 回 × 1 セット

8 連動Vクランチ

▶体幹トレーニング

『長友佑都 体幹トレーニング20』P.064

意識する場所

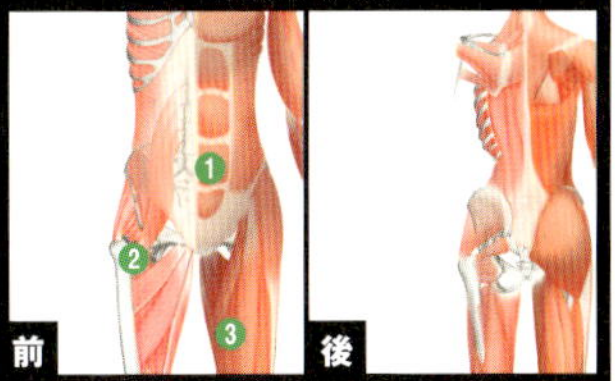

解説 ①腹直筋②腸腰筋③大腿四頭筋を鍛える。インナーとアウターマッスルの連動を高める。

1 仰向けに寝転がり片ヒザを立てる

仰向けの状態で片ヒザを立てる。目線は真っすぐ上を見る。

2 片手を真っすぐ伸ばす

ヒザを立てたほうの手を真っすぐ耳の横に伸ばす。伸ばした手は頭から離れないようにする。

3 片脚と手、頭を同時に上げる

腹筋を縮め息を吐くドローインをしながら、頭、伸ばした手とクロスする脚を同時に3秒で持ち上げ3秒キープ。脚はヒザの高さに。

呼吸法		
持ち上げ、キープまで息を吐く。	初級	▶ 3回 ×1セット
	中級	▶ 5回 ×1セット
	上級	▶ 10回 ×1セット

9 ▶体幹トレーニング

➔『長友佑都 体幹トレーニング20』P.050

クロスクランチ

意識する場所

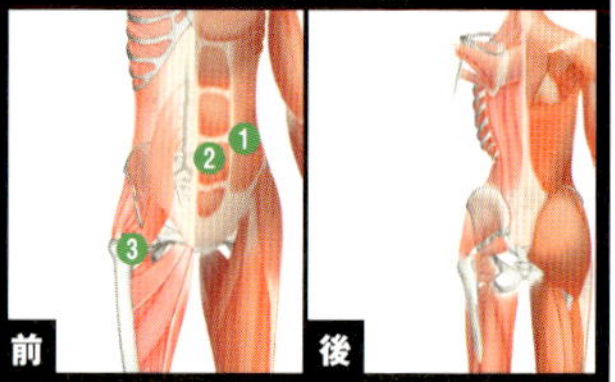

解説 ①腹斜筋②腹直筋③腸腰筋を鍛える。お腹周りのインナーマッスルが強化される。

1 仰向けになり、広げた手のほうのヒザを立てる

片手を耳に当てて、もう片ほうの手を広げる。ヒザが立っていないほうの脚はつま先を真っすぐ上に。

別アングル

2 ヒジとヒザをクロス

3秒でヒジとヒザをしっかりとくっつけ3秒キープ。くっつける場所はできるだけ胸に近づけ、最低でもおへそより上に。反対側も行う。

呼吸法
動き出しからキープまで息を吐く。

初級	▶ 5 回 × 1 セット
中級	▶ 10 回 × 1 セット
上級	▶ 20 回 × 1 セット

10 ▶体幹トレーニング →『長友佑都 体幹トレーニング20』P.053

バックキック

意識する場所

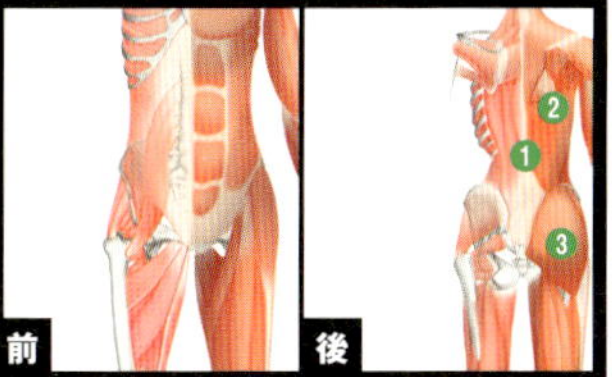

解説 ①脊柱起立筋②広背筋③大臀筋を鍛える。背部中心のトレーニング。頭から脚の軸を意識しよう。

1 両ヒジをつき、四つん這いになる

背中は反り過ぎたり、丸まり過ぎないようにする。

2 真っすぐに片脚を伸ばす

片脚を後方へ伸ばしキープ。肩とかかとのラインが一直線になるイメージを持ち、脚が上がり過ぎたり、下がり過ぎたりしない。反対の脚も行う。

呼吸法

息を止めないように注意しながら自然呼吸。

初級	▶ 5 秒 × 1 セット
中級	▶ 10 秒 × 2 セット
上級	▶ 20 秒 × 2 セット

11 ▶体幹トレーニング

➔『長友佑都 体幹トレーニング20』P.054

フロントブリッジ

意識する場所

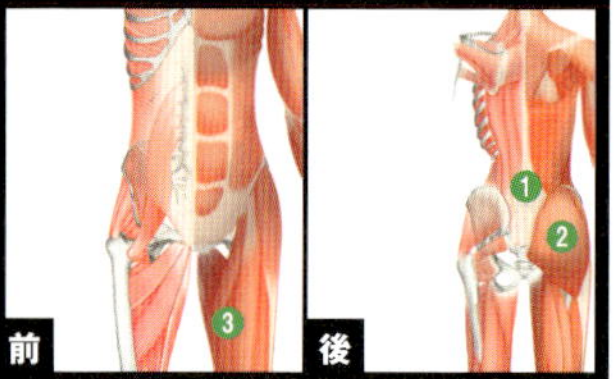

解説 ▶ ①脊柱起立筋②大臀筋③大腿四頭筋を鍛える。お腹への意識で体の軸が強化される。

1 脚を肩幅に合わせヒジをつく

うつ伏せの姿勢から腰を落として、ヒジを立てる。肩の真下にヒジがくるようにする。

2 腰を持ち上げて水平にキープ

お腹を締めることで腰を持ち上げキープ。背中、腰、お尻までを真っすぐに。腰、手に意識がいくと腰痛の原因になるので、お腹への意識が重要。

呼吸法

息を止めないように注意しながら自然呼吸。

初級	▶ 5 秒 × 1 セット
中級	▶ 10 秒 × 2 セット
上級	▶ 20 秒 × 2 セット

12 ヒジつきバックブリッジ

▶体幹トレーニング

『長友佑都 体幹トレーニング20』P.055

意識する場所

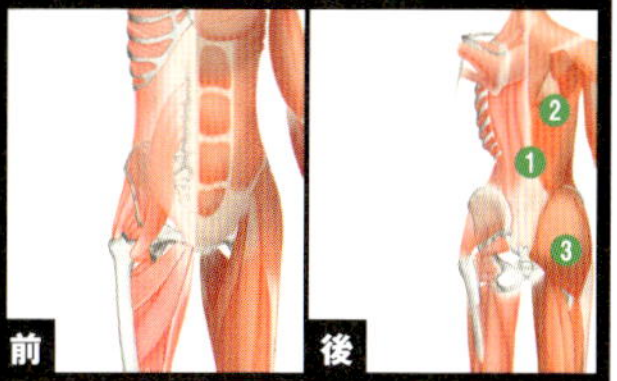

解説 ①脊柱起立筋②広背筋③大臀筋を鍛える。腰が落ちないように背中から足の軸を意識しよう。

1 仰向けの姿勢でヒジを立てる

仰向けの姿勢になり、両ヒジを床につける。肩の真下にヒジがくるようにする。

2 そのまま腰を持ち上げてキープする

体が真っすぐになるように骨盤を持ち上げキープする。骨盤が反ったり、落ちたりしないように。

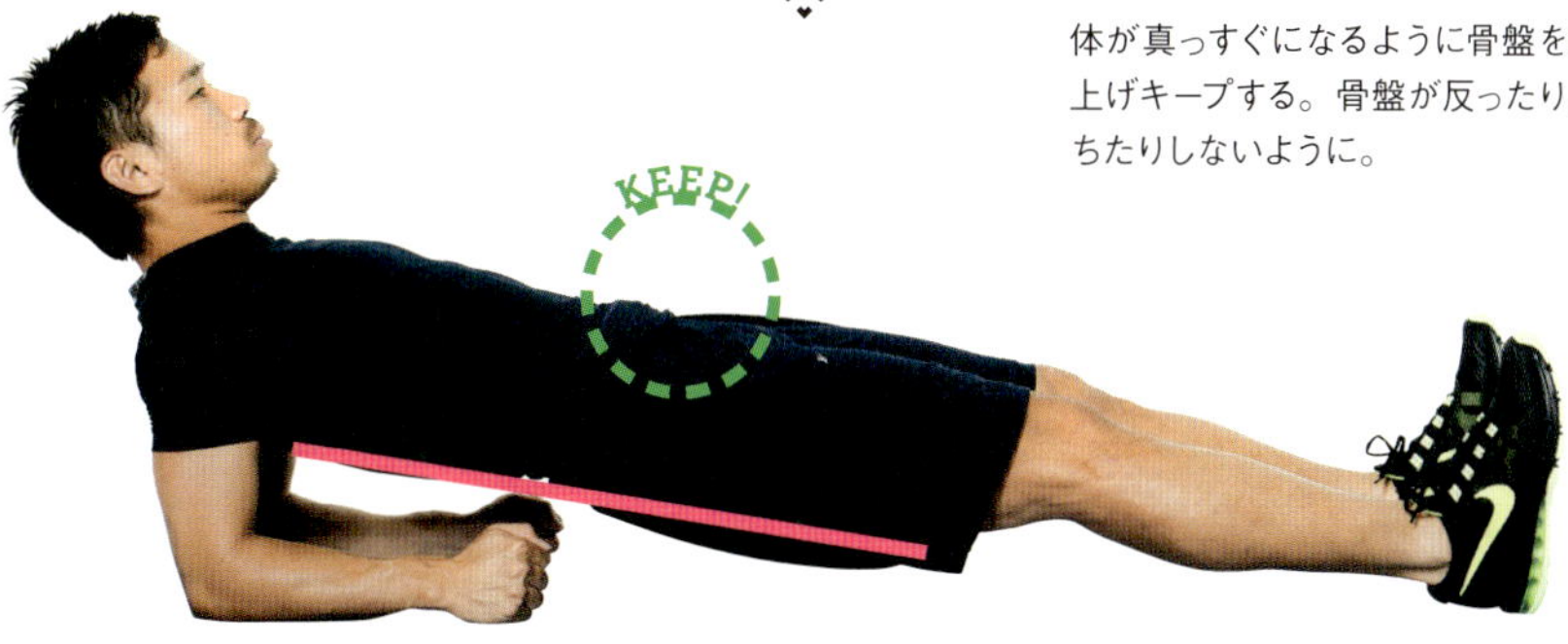

呼吸法

息を止めないように注意しながら自然呼吸。

初級	▶ 5 秒 × 1 セット
中級	▶ 10 秒 × 2 セット
上級	▶ 20 秒 × 2 セット

13 ▶体幹トレーニング ➔『長友佑都 体幹トレーニング20』P.056

もも上げ フロントブリッジ

意識する場所

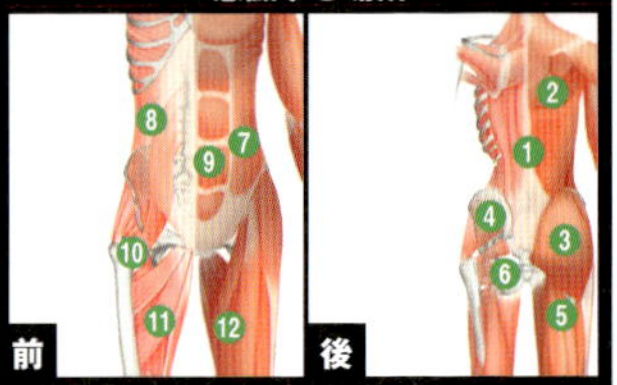

解説 ①～⑫のインナー、アウターマッスル、骨盤を鍛え、整える。

1 ヒジをつき腰を持ち上げる

うつ伏せになりヒジを立てる。お腹を締めることで骨盤を持ち上げるイメージ。

2 片ヒザをお腹のほうへ引きつける

骨盤を固定させてから、片脚をお腹のほうに引きつけ3秒キープ。キープが難しい場合は、そのまま前後に動かすことから始めよう。反対の脚も行う。

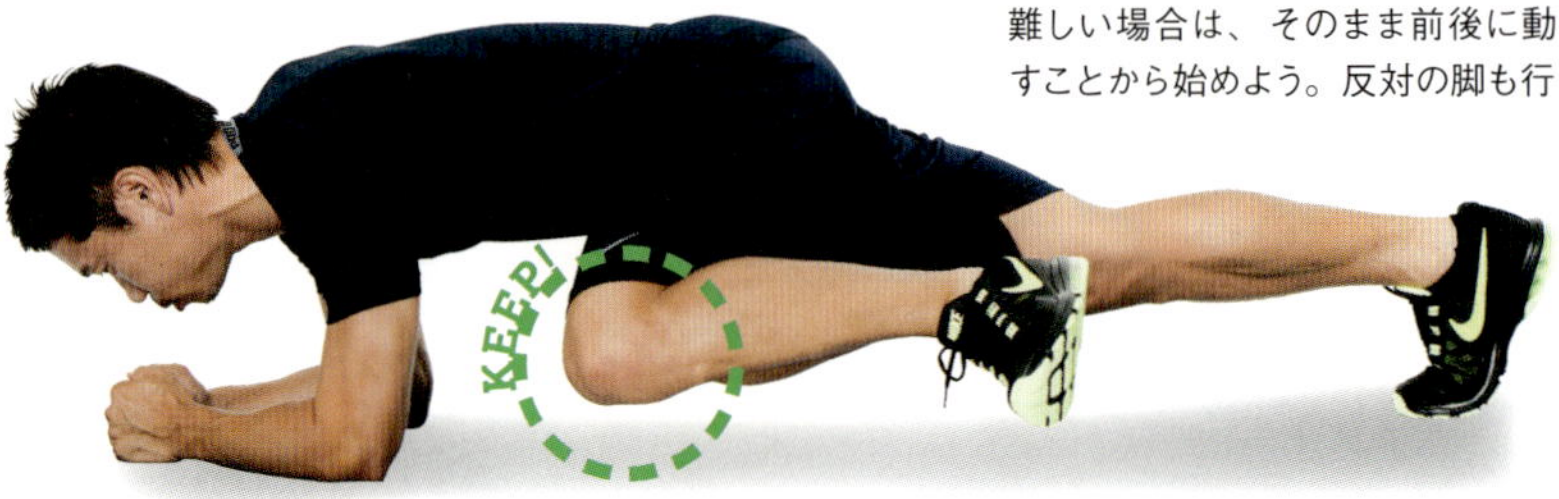

呼吸法

息を止めないように注意しながら自然呼吸。

初級	▶ 3 回 × 1 セット
中級	▶ 5 回 × 1 セット
上級	▶ 10 回 × 1 セット

14 ▶体幹トレーニング

➔『長友佑都 体幹トレーニング20』P.057

バックブリッジ

意識する場所

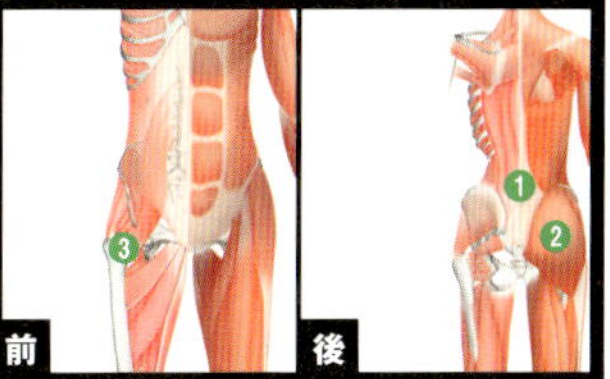

解説 ①脊柱起立筋②大臀筋③腸腰筋を鍛える。肩からヒザまでのラインを一直線にしよう。

1 仰向けに寝て両ヒザを立てる

手のひらを下にして、両手をつき、リラックスした状態で仰向けに寝転がる。脚は肩幅くらいに開く。

2 お腹を持ち上げ、背中を浮かせる

3秒かけて腰を浮かせる。肩からヒザまでを一直線にキープする。ヒザは90度になるように注意。

呼吸法

上げる→キープまで息を吐く。自然呼吸で戻す。

初級	▶ 5 秒 × 1 セット
中級	▶ 7 秒 × 2 セット
上級	▶ 10 秒 × 2 セット

15 ▶体幹トレーニング 『長友佑都 体幹トレーニング20』P.060

ドローインVクランチ

意識する場所

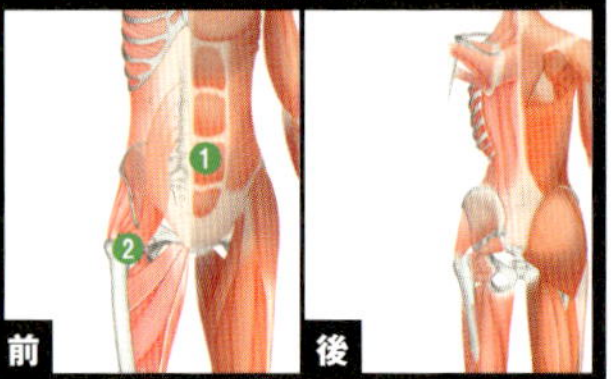

解説 ①腹直筋②腸腰筋を鍛える。3秒で上げて3秒キープを意識しながらやろう。

1 片ヒザを立て上体を起こしてドローイン

片ヒザを立て上体を起こしたところで息を大きく吸い込み、吐ききる（ドローイン・お腹を縮めるイメージ）。目線はお腹に。

2 ドローインしたまま片脚を上げる

腰が浮かないように伸ばした脚を3秒かけてヒザの高さまで上げ3秒キープ。お腹を縮めたままに。片脚が終わったら反対の脚も行う。

呼吸法

動き出しからキープまで息を吐く。自然呼吸で戻す。

初級	▶10回×1セット
中級	▶10回×2セット
上級	▶10回×3セット

16 ▶体幹トレーニング 『長友佑都 体幹トレーニング20』P.061

Vクランチ

意識する場所

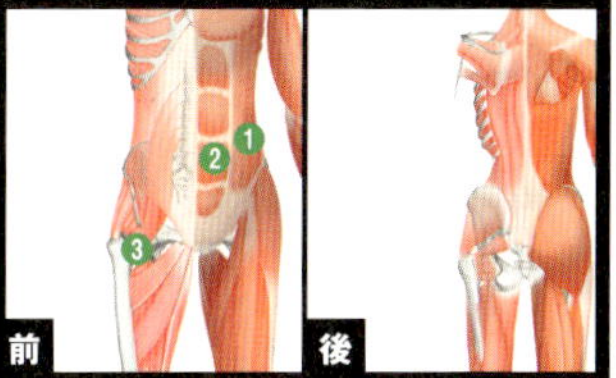

解説 ①腹斜筋②腹直筋③腸腰筋を鍛える。キープの時にしっかり息を吐こう。

1 片ヒザを立てて仰向けになる

片ヒザを90度になるように立てて両腕を斜め45度くらいに開く。

2 上体とヒザを同時に上げる

お腹を縮めるようにして上体と伸ばした脚を同時に3秒かけて上げ3秒キープ。脚の高さはヒザの高さ。かかとを地面につけずに戻し、繰り返す。反対の脚も行う。

呼吸法

動き出しからキープまで息を吐く。自然呼吸で戻す。

初級	▶ 5 回 × 1 セット
中級	▶ 10 回 × 1 セット
上級	▶ 15 回 × 1 セット

COLUMN 3

本当に大切なもの

サッカーを辞めよう。そう思いながら、それはそんなに簡単ではないことは分かっていました。日々、自問自答しました。なぜ、こんな気持ちになるのか。どうすればいいのか……。そこで、僕は自分があまりに「サッカー選手・長友佑都」として行動しすぎていたことに気付いたのです。周りが思っている長友佑都でなければいけない。そのことは、僕を必要以上に追い込んでいたのだ、と。

「人間・長友佑都」には弱い部分がある。それは皆さんと一緒です。これまで僕はそういう「人間・長友佑都」が感じる思いを見ないようにし、「サッカー選手・長友佑都」であろうとし過ぎていました。

そしてこう思ったのです。

「今だからこそ、もっと自分を出してみよう」。すると驚くほど肩の荷が下りました。そして、再びサッカーを楽しめるようになってきたのです。

この経験は僕にとってなくてはならないものだった、と今は言えます。「目標」を失ったことで、改めて「目標」が持っている力を知ることができました。「目標」を強く意識することができれば、日々は楽しいものになります。トレーニングのモチベーションだって、私生活だって楽しんで進むことができます。

この半年で僕は、皆さんに「目標」を意識しようよ、ともっと大きな声で言えるようになったのです。

第6章

「体幹×チューブ」トレーニング

チューブトレーニング 超実践編

ここまでのトレーニングはどうだったでしょうか。紹介してきたチューブトレーニングでは物足りない人やもっと実践的なオリジナルのトレーニングメニューを組みたい人のために、やや難易度の高いトレーニングを紹介していきます。無理をせず、ここでも「脱力」をしっかりと意識して取り組んでみてください。これを完璧にできるようになれば、目標実現も目前。きっと強い体を手に入れられているはずです。

1 ▶チューブトレーニング 超実践編

片脚サークルバランス（足首）

意識する場所

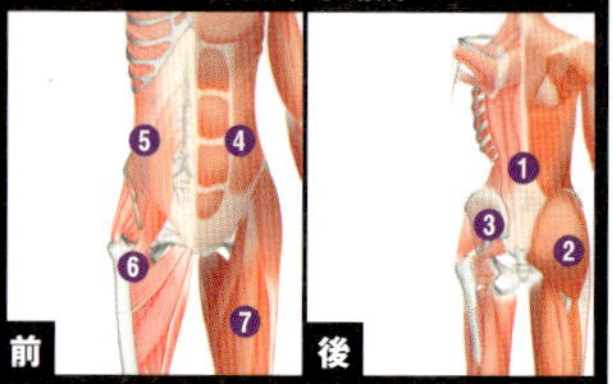

解説 ①脊柱起立筋②大臀筋③中臀筋④腹斜筋⑤腹横筋⑥腸腰筋⑦大腿四頭筋を鍛える。P68の足首版。

1

頭から足までの軸を意識しながら片脚を離す

足首にチューブをつける。腰に手を当て、片脚を離す。頭から足までの軸をしっかり意識すること。

2

股関節を支点に脚を内旋していく

脚の付け根から片脚をゆっくり回す。体は動かさず、脚だけを動かす。写真は脚が後方から前方に向かうところ。

呼吸法	
息を止めないように注意しながら自然呼吸。回転させている時に息を止めがちなので注意。	初級 ▶3往復×1セット 中級 ▶3往復×2セット 上級 ▶5往復×2セット

3

脚を後ろから前へもってくる

支えている足から頭までの軸がぶれないように、回している脚を前方へ。目線が上下しないように注意しよう。

4

内旋が終わったら外旋をする

流れるように回転をさせていき、回数をクリアしたら外旋。大きく回すことより軸を意識。反対の脚も行う。

2 ▶チューブトレーニング 超実践編

レッグスイングバランス

意識する場所

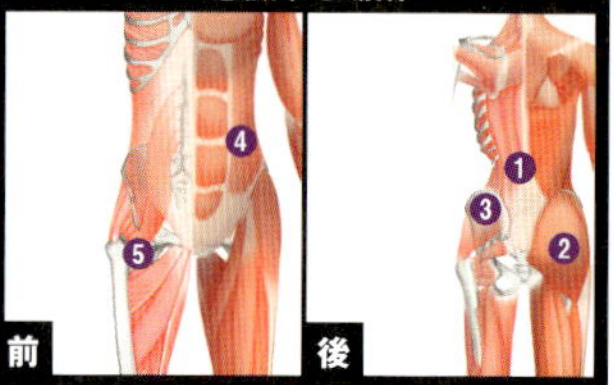

解説 ①脊柱起立筋②大臀筋③中臀筋④腹斜筋⑤腸腰筋を鍛える。P70よりバランスが取りづらい。

1

手を胸の前で組み、軸を意識し片脚を前へ

上半身を手でしっかり固定するイメージで、片脚を前へ。脚の付け根から脚だけが動くようにする。

2

そのまま後ろへスイングする

脚の付け根から動くイメージのまま片脚をそのまま後ろへ。この前後を繰り返す。反対の脚も行う。

呼吸法

息を止めないように注意しながら自然呼吸。

初級	▶ 6 回 × 1 セット
中級	▶ 8 回 × 1 セット
上級	▶ 10 回 × 1 セット

3 ▶チューブトレーニング 超実践編

軸脚サイドステップ

意識する場所

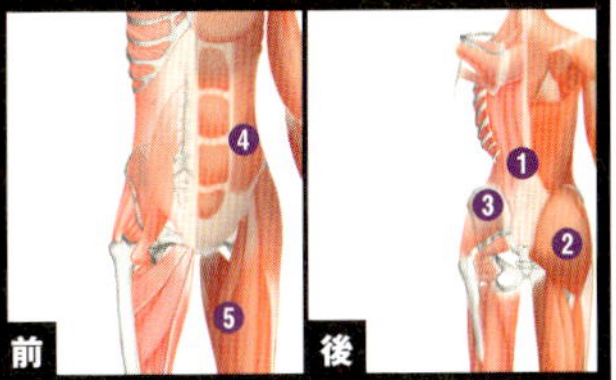

解説 ①脊柱起立筋②大臀筋③中臀筋④腹斜筋⑤大腿四頭筋を鍛える。軸をぶらさずタメを作ろう。

呼吸法

息を止めないように注意しながら自然呼吸。

初級	▶ 6 回 × 1 セット
中級	▶ 10 回 × 1 セット
上級	▶ 10 回 × 3 セット

1

右足から頭までを軸にし、左脚をゆっくり引っ張る

スタートの脚は肩幅。そこから右脚の軸、腰を固定し、ゆっくり引っ張り、戻す。

2

左足から頭までを軸にし、右脚をゆっくり引っ張る

軸になる脚を1の時と逆の左脚にして、ゆっくり引っ張り、戻す。これで1回。

4 ▶チューブトレーニング 超実践編

四股ステップ

意識する場所

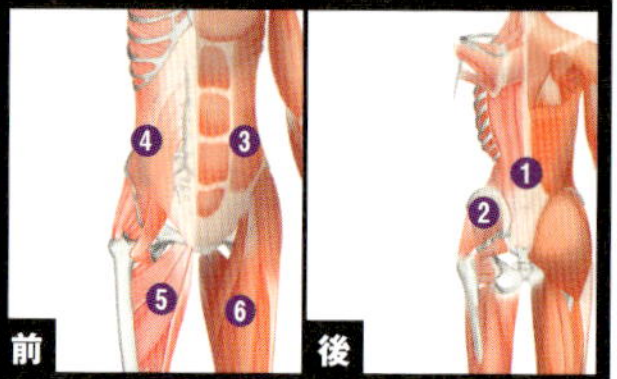

解説 ①脊柱起立筋②中臀筋③腹斜筋④腹横筋⑤内転筋⑥大腿四頭筋を鍛える。タメを作ろう。

1

腰をかがめ脚を肩幅に開く

スタートポジションは脚を肩幅に。目線を真っすぐにして、腰をかがめる。

2

右足から頭までを軸にし、左脚を引き上げる

右足から頭までのラインを軸にして左脚をおへそのあたりまで引き上げる。

呼吸法

息を止めないように注意しながら自然呼吸。

初級	▶ 6 回 × 1 セット
中級	▶ 10 回 × 1 セット
上級	▶ 10 回 × 3 セット

3

左脚をスライドさせる

相撲の四股をイメージした動きで左脚を左横のほうへスライド。スタートポジションに戻る。

4

左足から頭までを軸にし、右脚を引き上げスライド

反対の脚で行う。左足から頭までのラインを軸にして右脚を引き上げて右横へスライド。これで1回。

5

▶チューブトレーニング **超実践編**

チューブステップ

意識する場所

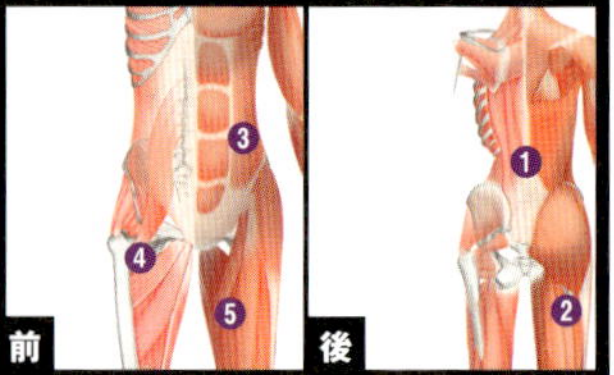

解説 ①脊柱起立筋②大腿二頭筋③腹斜筋④腸腰筋⑤大腿四頭筋を鍛える。リズムよく動かそう。

スタートポジションは脚を骨盤の幅に開く。さらなるレベルアップを目指したければ脚の幅を広く取って行う。

1

脚を骨盤の幅に開く

別アングル

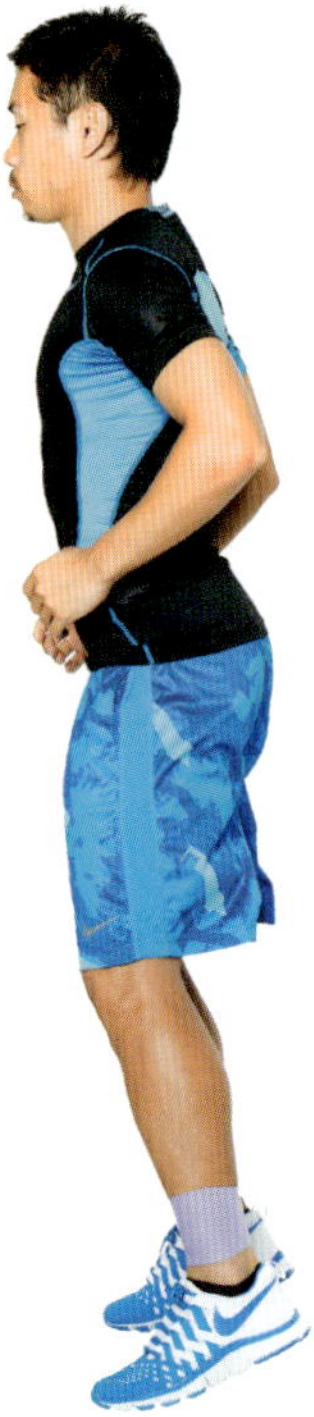

呼吸法	初級	▶ 8回×1セット
息を止めないように注意しながら自然呼吸。	中級	▶ 10回×2セット
	上級	▶ 10回×3セット

体の軸がぶれたり、肩が一方だけ上下しないように注意をして行う。

上半身の向きを変えると同時に脚を前後させテンポよくステップを踏む。

2 右脚、左脚を交互に前に出すようにステップする

6

▶チューブトレーニング 超実践編

シザースステップ

意識する場所

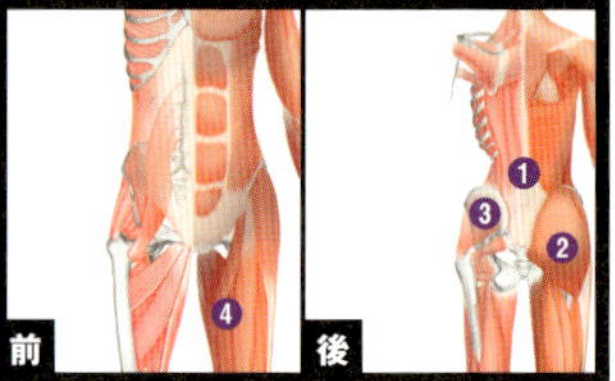

解説 ①脊柱起立筋②大臀筋③中臀筋④大腿四頭筋を鍛える。内側から外側へ脚を回すイメージで。

1 脚を肩幅に開く

頭から真っすぐ一本の軸を作るイメージで立つ。ここからまず左脚を軸に、右脚を内側から旋回する。

2 右脚を内側から回し始める

左脚を軸に、頭がぶれないようにしながら目の前にあるボールを内側からまたぐイメージで右脚を回し始める。

別アングル

呼吸法

自然呼吸を行う。特に旋回している間に息を止めないように注意すること。

初級	▶ 8回×1セット
中級	▶ 10回×2セット
上級	▶ 10回×3セット

3 右脚を内側から旋回させる

ぶれないように意識したまま、内側から回した脚を外側へと回していき、元の脚の位置で着地する。

4 着地したら、反対の脚で行う

元の位置に戻したらリズムを維持したまま、同じように右脚を軸に左脚を内側から外側へ旋回する。

別アングル

7

▶チューブトレーニング 超実践編

サイドブリッジ ニーアップ

意識する場所

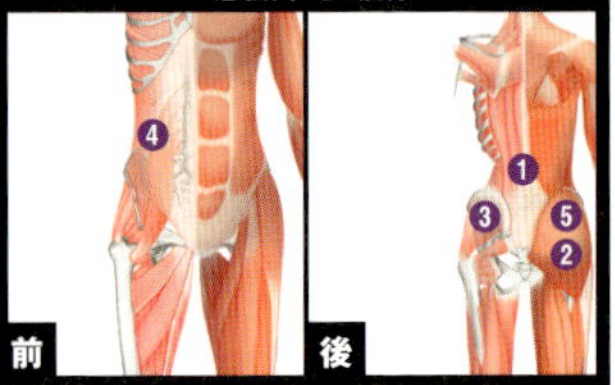

解説 ①脊柱起立筋②大臀筋③中臀筋④腹横筋⑤梨《り》状《じょう》筋を鍛える。上半身の軸を意識しよう。

1 横向きで寝転がりヒザを曲げ、上半身を上げる

上半身を持ち上げ、ヒジは肩の真下、反対側の手は腰に。頭からヒザまで一直線になるようにする。

2 かかとをつけたまま上のヒザを持ち上げる

上半身とかかとを動かさないようにヒザを真上に上げてチューブを引っ張る、戻すを繰り返す。反対の脚も行う。

呼吸法

息を止めないように注意しながら自然呼吸。

初級	▶ 8 回 × 1 セット
中級	▶ 10 回 × 2 セット
上級	▶ 20 回 × 2 セット

8 ▶チューブトレーニング 超実践編

サイドブリッジ アンクル&ニーアップ

意識する場所

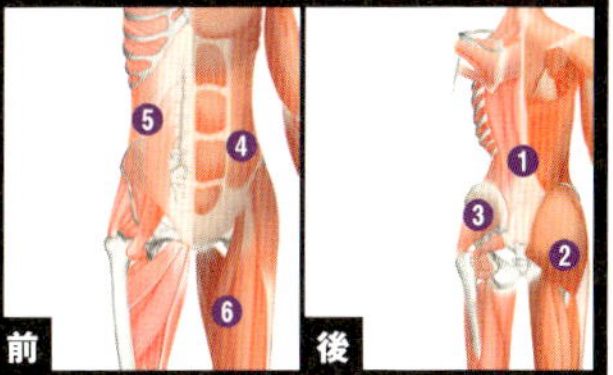

解説 ①脊柱起立筋②大臀筋③中臀筋④腹斜筋⑤腹横筋⑥大腿四頭筋を鍛える。P114より強度が高い。

1 横向きで寝転がりヒザを曲げ、上半身を上げる

上半身を持ち上げ、ヒジは肩の真下、反対側の手は腰に。頭からヒザまで一直線になるようにする。

2 上の脚をそのまま持ち上げる

股関節を支点に上半身を動かさないようにして上の脚を真上に上げてチューブを引っ張りキープする。反対の脚も行う。

呼吸法

キープ時に息を止めないようゆっくりと吐き続ける。

初級	▶3秒×1セット
中級	▶3秒×2セット
上級	▶5秒×3セット

おわりに

チューブトレーニングは、安全でかつ効率的なトレーニングです。ここに、体幹トレーニングを加えることでその効果はさらに大きなものとなります。皆さんの実現したい目標を叶えるための大きな一助になることを確信しています。

「目標」――本書の中ではこの言葉を繰り返し書きました。そしてこれもコラムで書きましたが、僕は一時「目標」を失いました。**「目標」を失うとこんなにも見える景色が変わってしまう**のか。そう痛感し、改めて「目標」の大事さを実感したのです。

もしかしたら「目標」がない、と言う人もいるかもしれません。でも僕は、「女の子にもてたい」や「男性に好かれたい」というちょっとした感情だって、とってもいい目標だと思います。あとはそれをいかに意識し、どうすれば達成できるかを考える。それだけで、トレーニングや日々の取り組みに対して前向きになれると思います。

そのためにも――『長友佑都　体幹トレーニング20』にも書きましたが、「目標」を自分の中ではっきりと描いてほしい。それには**書くことが一番**です。

僕と一緒に、夢を叶えましょう!

２０１５年1月吉日　長友佑都

の目標——

［著者］

長友佑都

YUTO NAGATOMO

1986年9月12日生まれ。愛媛県出身。小学校1年生のときにサッカーを始める。西条北中学校を経て東福岡高校へ進学。3年次には高校選手権に出場。2005年、明治大学に入学し、在学中に特別指定選手としてFC東京でJリーグデビューを果たす。2008年にはFC東京に加入し、同年の北京オリンピックに出場。2010年には南アフリカワールドカップに出場し、同年イタリア・セリエAのA.C.チェゼーナに加入。2011年には世界のトップクラブのひとつインテル・ミラノに移籍するなど世界を代表するサイドバックとして活躍する。2014年3月に刊行された『長友佑都　体幹トレーニング20』（小社刊）は55万部を超えるベストセラーに。

［監修者］

木場克己

KATSUMI KOBA

1965年生まれ。鹿児島県出身。柔道整復師、鍼灸師、日本体育協会公認アスレティックトレーナー。㈲コバ・メディカル・ジャパン及びKOBAスポーツエンターテインメント㈱代表取締役。アスリートウェーブ西東京整骨院・西東京鍼灸院アドバイザー。スポーツクラブ㈱ルネサンスプログラムアドバイザー。1995年から2002年までFC東京のヘッドトレーナーなどを務め、以来サンフレッチェ広島ユース、湘南ベルマーレなどでトレーナーを歴任。その他に長友佑都（インテル・ミラノ）や大儀見優季（ウォルフスブルク）といった、トップアスリートのパーソナルトレーナーとしても活躍している。

木場克己公式HP
http://www.kobakatsumi.jp
KOBA式体幹バランストレーニング事務局
☎03-5875-0866

長《なが》友《とも》佑《ゆう》都《と》
体《たい》幹《かん》×チューブトレーニング

著者　長《なが》友《とも》佑《ゆう》都《と》

2015年 2 月 5 日　初版第 一 刷発行
2021年11月15日　初版第十三刷発行

装丁・本文デザイン　華本達哉（aozora.tv）

写真　杉田裕一（bghe）
花井智子
AFLO

CG画像　㈱BACKBONEWORKS

協力　スポーツコンサルティングジャパン

衣装協力　NIKE JAPAN

校正　東京出版サービス

発行者　小川真輔

発行所　KKベストセラーズ
〒112-0013
東京都文京区音羽1-15-15
シティ音羽2階
電話　03-6304-1832（編集）
03-6304-1603（営業）

印刷所　近代美術

製本所　ナショナル製本

DTP　三協美術

ISBN 978-4-584-13614-0　C0075